GTB
Gütersloher Verlagshaus
716

Farideh Akashe-Böhme,
Dr. phil., gebürtige Iranerin, lebt und arbeitet
als freie Publizistin in Darmstadt.
Diverse Veröffentlichungen über islamische Frauengeschichte
und Soziologie der Geschlechterverhältnisse.

Farideh Akashe-Böhme

Die islamische Frau ist anders

Vorurteile und Realitäten

Gütersloher Verlagshaus

Originalausgabe

Die Deutsche Bibliothek – CIP-Einheitsaufnahme

Akashe-Böhme, Farideh:
Die islamische Frau ist anders : Vorurteile und Realitäten /
Farideh Akashe-Böhme. – Orig.-Ausg. –
Gütersloh : Gütersloher Verl.-Haus, 1997
(Gütersloher Taschenbücher ; 716)
ISBN 3-579-00716-5

ISBN 3-579-00716-5

Umschlaggestaltung: INIT, Bielefeld, unter Verwendung eines Fotos von
© François Perri, Cosmos / Focus
Satz: Weserdruckerei Rolf Oesselmann GmbH, Stolzenau
Druck und Bindung: Clausen & Bosse, Leck
Gedruckt auf chlorfrei gebleichtem Werkdruckpapier
Printed in Germany

Inhalt

Einleitung

Das Medieninteresse am Islam ist groß. Das liegt zum Teil an der veränderten weltpolitischen Lage – nach dem Abbau des Ost-West-Konfliktes erhält die Nord-Süd-Beziehung größere Bedeutung –, zum Teil auch an der politischen Stärke der islamischen Staaten.

»In Kabul werden Frauen geschlagen« – unter dieser Schlagzeile berichtete die Tageszeitung (taz) am 30.9.96 von der Übernahme der Macht durch die Taliban-Milizen in Afghanistan. Dort lesen wir:

»In der afghanischen Hauptstadt Kabul haben Kämpfer der Taliban-Milizen mehrere Frauen auf offener Straße mit Stöcken geschlagen, weil sie ihrer Meinung nach nicht schicklich gekleidet waren. Wie Augenzeugen berichteten, wurden die Frauen aufgefordert, nach Hause zu gehen und sich ›ordentlich‹ anzuziehen.

Die fundamentalistischen Taliban-Milizen hatten die Frauen am Samstag über den Rundfunk aufgefordert, nur noch mit einem Ganzkörperschleier auf die Straße zu treten und nicht mehr zur Arbeit zu gehen. Mullah Muhammad Rabbani, der Vorsitzende des sechsköpfigen Taliban-Rats, sagte gestern vor Journalisten, der Islam erkenne das Recht der Frauen auf Ausbildung an.

Die Taliban-Milizen waren am Freitag in Kabul einmarschiert. Sie setzten am Wochenende ihren Feldzug im Norden des Landes fort. Sie kontrollieren derzeit rund zwei Drittel des Landes und wollen in Afghanistan einen islamischen Gottesstaat errichten.«

Solche Nachrichten haben für das Bild des Islams im Westen eine verheerende Wirkung. Die Härte der Fakten soll nicht bestritten werden, wohl aber deren Symbolwert. Denn sie werden im Westen aufgenommen als Hinweis auf das wahre Wesen des Islams.

Tatsächlich haben Moslems immer wieder Repressionen gegen Frauen als symbolischen Akt für einen politischen Machtanspruch des Islams inszeniert. So entsteht der Eindruck, als sei das wesentliche Erkennungsmerkmal islamischer Lebensform oder Staatsordnung die Verschleierung der Frauen und ihre Verbannung in die Häuslichkeit. Im Spannungsfeld dieser politischen Machtkämpfe fällt es schwer, zu einer nüchternen und differenzierten Einschätzung des Islams zu kommen. Gemäßigte Stimmen drohen unterzugehen, doch sie sind es, die entscheidende Bedeutung gerade für Frauen haben.

Angesprochen auf die Tatsache, daß »muslimische Fanatiker« die Frau ins Haus verbannen und ihr sogar das Recht absprechen, einen Beruf auszuüben, sagt Mohammed Sajjid Tantawi, der Großscheich der Al-Azhar-Universität in Kairo: »Das ist ein weiteres Beispiel dafür, wie der Islam entstellt wird. Mann und Frau haben denselben Ursprung. Die Frau hat das gleiche Recht wie der Mann, einen Beruf auszuüben, solange sich ihr Verhalten im Rahmen allgemeingültiger sittlicher Normen bewegt.«[1] Immer wieder weisen islamische Gelehrte darauf hin, daß die Unterdrückung der Frauen keine Forderung des Korans ist. Entscheidend für eine selbstbewußte und selbstbestimmte Aneignung der islamischen Tradition durch die Frauen ist: Der Islam kann nicht erfaßt werden allein durch die Interpretation von Texten, sondern die politischen, rechtlichen und sozialen Verhältnisse spielen eine wesentliche Rolle. Es gibt den *einen* wahren Islam ebensowenig wie das *eine* typische Christentum.

Die Frau im Islam zieht im christlichen Abendland ein besonderes Interesse auf sich. Wollen bestimmte Teile der Frauenbewegung den »unterdrückten« Schwestern zu Hilfe kommen, so gibt es gleichzeitig in westlichen Ländern nicht wenige Frauen, die gerade im Islam eine geschützte weibliche Existenz sehen oder sogar selbst als Konvertitinnen suchen. Andere empfinden die erkennbaren Musliminnen unter uns, etwa kopftuchtragende Türkinnen, als anstößig. Diese unterschiedlichen Haltungen basieren kaum auf wirklichem Wissen, sie speisen sich vielmehr aus Vorurteilen, die im europäischen Exotismus und Orientalismus eine lange Tradition haben. Diese Tradition wird heute fortgesetzt durch eine ganze Gattung von Literatur, für die das Buch von Betty Mahmoodi »Nicht ohne meine Tochter« typisch ist.

Demgegenüber soll in diesem Buch versucht werden, ein ausgewogenes Bild der islamischen Frau zu zeichnen. Dabei geht es vor allem darum, aufzuzeigen, daß es *die* islamische Frau nicht gibt, sondern nur eine Mannigfaltigkeit von Ausprägungen, die je nach historischem und politischem Zusammenhang unterschiedlich ausfallen. Gerade weil diese Vielfalt so groß ist, kann sie hier nur anhand von

1. Der Spiegel 3/1997, S. 121.

Beispielen demonstriert werden. Allerdings ist es nicht damit getan, bloße Tatsachenbeschreibungen aneinanderzureihen. Vielmehr wird man zu einem angemessenen Verständnis der islamischen Frau erst kommen nach einer kritischen Durchsicht der traditionellen Vorurteile und Stereotypen und damit auch der christlichen Geschichte. Denn erst wer sich vergegenwärtigt, daß auch das Bild der Frau im Abendland religiös geprägt ist, wird bereit sein, die Situation der islamischen Frau angemessen zu würdigen und einen klaren Blick dafür zu entwickeln, was daran durch die Religion bedingt ist und was nicht.

»Die islamische Frau ist anders« – dieser Titel nimmt Bezug auf gängige Klischees von der angeblichen exotischen Andersartigkeit der Muslimin. Gleichzeitig provoziert er die Frage nach der allgemeingültigen Norm, die darin stillschweigend enthalten ist: Anders als wer oder was? Denn die islamische Frau ist nicht nur anders als ihr Ruf im christlichen Abendland, sie ist außerdem anders als die christlich geprägte Frau, die unausgesprochener Maßstab für alle ist.

Im ersten Kapitel wird es um das Bild der islamischen Frau im christlichen Kulturkreis gehen. Dieses Bild ist nur zu einem verschwindend geringen Teil durch die Orientalistik und Islamforschung geprägt, das heißt durch den Versuch, über das Studium der Sprache, der Religion und der Kultur zu einer möglichst objektiven Vorstellung zu gelangen. Es ist in erster Linie entstanden durch ausschnitthafte Begegnung und die daraus entstandene Literatur. Man könnte die Ursprünge schon in den Erfahrungen der Kreuzzüge suchen – das soll aber in diesem Buch nicht geschehen. Prägend für die Gegenwart wurde die Periode des 18. und 19. Jahrhunderts mit ihrem europäischen Überlegenheitsgefühl einerseits und ihren unterschiedlichen Reisetypen andererseits: Entdeckungsreisen, Abenteuerreisen und bereits europamüde »Fluchten«. Diese Reisen sind der Hintergrund für den »Orientalismus«, ein buntes Gemisch phantastischer Orientvorstellungen. Sie bilden bis heute die Grundlage vieler Vorurteile, die das Bild der islamischen Frau bestimmen.

Das zweite Kapitel will die Grundlagen für die Situation der islamischen Frau darstellen, soweit sie durch den Koran festgelegt sind. Dazu ist es unvermeidlich, auch auf unterschiedliche Interpretationen einzugehen, die heute um Wesen und Fortentwicklung, um nicht zu sagen Modernisierung des Islams ringen. Dabei melden sich auch die Frauen selbst zu Wort. Ihnen ist deshalb besondere Aufmerksamkeit zu widmen. Da es aber in diesem Buch nicht einfach um Informationen über die islamische Frau gehen soll, sondern um ein Verständnis ihrer Situation, werden den Äußerungen des Korans entsprechende Bibelstellen, die sich mit der Stellung der Frau beschäftigen, an die Seite gestellt. Es geht hier wie da um ein religiös geprägtes Verständnis von Geschlechterbeziehungen und den Ort der Frau in der Welt.

Das folgende Kapitel schließt sich unmittelbar daran an: Der Lebensbereich Sexualität spielt eine besondere Rolle – sowohl in der christlichen als auch in der islamischen Religion, die sich in diesem Punkt jedoch inhaltlich sehr voneinander unterscheiden. Der Islam verbindet mit den körperlichen Wonnen nicht die Vorstellung von Sünde, sondern von paradiesischen Zuständen. Inwieweit diese Freuden auch der islamischen Frau offenstehen, werden wir untersuchen.

In den nächsten beiden Kapiteln wird die historische und gegenwärtige Situation der Frauen im Islam in ihren vielfältigen Ausprägungen behandelt. Diese Darstellung ist nötig, um von den Fiktionen eines wahren »Wesens« der islamischen Frau wegzukommen und die konkrete Situation ins Auge zu fassen. Es ist natürlich nicht möglich, auf alle Varianten einzugehen, die in insgesamt mehr als 40 islamischen Staaten existieren. Deshalb werden drei Staaten ausgewählt, die jeweils auf ihre Weise in ihrer historischen Entwicklung für Europa bedeutsam gewesen sind, untereinander jedoch charakteristische Unterschiede zeigen: Iran, Ägypten, Türkei. Ihre Entwicklungen, und das heißt auch ihre innere Struktur bis hin zum Frauen- und Familienrecht, sind durch die Geschichte der Überwindung des Kolonialismus einerseits und unterschiedliche Modernisierungsmodelle andererseits und schließlich durch das Ringen um nationale Selbstvergewisserung bestimmt.

Das fünfte Kapitel stellt anhand derselben ausgewählten Beispiele Iran, Ägypten und Türkei die gegenwärtige Situation der Frauen im Islam dar. Hier kommt es vor allem darauf an, zweierlei im Blick zu haben: einerseits die Besonderheiten des politischen Systems, des wirtschaftlichen, aber auch städtischen bzw. ländlichen Lebens und schließlich sogar die internationalen Beziehungen des jeweiligen Landes, die die Situation der Frauen mitbestimmen. Andererseits kann man auch nicht dabei stehenbleiben zu sagen, daß die Situation der Frauen einfach nur ein Resultat der politischen und gesellschaftlichen

Verhältnisse sei oder schlichtweg eine Ausprägung des Patriarchats. All das stimmt zwar, aber es handelt sich doch in jedem Fall um Modifikationen einer religiös geprägten Lebensform. Dabei ergeben sich natürlich auch Unterschiede durch die jeweiligen Ausprägungen des Islams beispielsweise zwischen Sunniten und Schiiten.

Das sechste Kapitel wendet sich den islamischen Frauen in Deutschland zu. Die Notwendigkeit, ein Verständnis für die Lage islamischer Frauen zu gewinnen, ergibt sich ja nicht nur aus der Bedeutung islamischer Länder in der internationalen Politik oder aus ökonomischen Interessen, sondern daraus, daß die islamischen Frauen zum Lebensalltag in Deutschland gehören. Es handelt sich dabei vor allem um den quantitativ bedeutsamen Anteil der Arbeitsmigranten. Insgesamt geht es über das notwendige Verständnis der Situation von »Mitbürgerinnen« hinaus darum, eine Basis für interkulturelles Zusammenleben zu schaffen.

Wie aus »Tausendundeine Nacht«?

Harem, Bauchtanz, Hamam und Schleier

Der islamische Orient wurde im christlichen Abendland vielfach als eine Art Märchenland angesehen. Die Welt aus Tausendundeine Nacht diente als Quelle populärer Vorstellungen wie der von der Grausamkeit lüsterner Sultane, von Harem, Bauchtanz und Schleier. Solche Vorstellungen, verbunden mit der Projektion verdrängter Wünsche, nennt man Orientalismus. Die orientalistischen Schwärmer interessierten sich vor allem für das erotische Haremsleben. Der Orientalismus prägte das Bild der Orientalin, das im 19. Jahrhundert in der Malerei, in der Literatur und im Märchen zum Stereotyp wurde, entschieden mit.

Was ist Orientalismus? Der Orientalismus wird im Brockhaus[2] als das »ausgeprägte Interesse an orientalischen Szenerien« definiert, »das sich besonders in Gemälden, Aquarellen und Zeichnungen vor allem des 19. Jahrhunderts manifestiert«. Diese Definition ist jedoch unzureichend. Edward Saids Definition scheint mir viel umfassender zu sein. Er geht in seinem Buch »Orientalismus« von dem Verhältnis zwischen dem Wissen über den Orient und der politischen Macht der kolonisierenden Nationen aus und bezeichnet das in Europa angehäufte Wissen über den Orient als eine Fiktion, denn es sage wenig über die reale Situation des Orients aus und verleihe der kulturellen und sozialen Überlegenheit des Westens Ausdruck. Said schreibt:

»Die Beziehung von Okzident und Orient ist eine Beziehung von Macht, Herrschaft und verschiedenen Graden einer komplexen Hegemonie (...). Der Orient wurde nicht nur orientalisiert, weil er in allen jenen Aspekten als ›orientalisch‹ entdeckt wurde, die allgemein von einem durchschnittlichen Europäer des 19. Jahrhunderts so empfunden wurden, sondern auch, weil er orientalisch gemacht werden konnte – d.h. einem ›Orientalischsein‹ unterzogen wurde.«[3]

2. Brockhaus, Bd. 16, S. 268, Mannheim 1991.
3. Said 1981, S. 13.

Théodore Chassériau: Haremsszene, 1854

Harem: Phantasie und Wirklichkeit

Der Begriff Harem kommt vom arabischen Wort »Haram« und heißt »verboten«. Wohlhabende türkische Männer im Osmanischen Reich hatten einen getrennten Teil ihres Hauses, in dem Frauen, Kinder und Dienstboten wohnten, zum verbotenen Bereich für Außenstehende erklärt, und so hießen diese Häuser Harem. Weder die Beduinen noch die Bauern konnten sich solche Einrichtungen leisten, geschweige denn mehrere Frauen ernähren. Das Umfeld eines Harems ist also vergleichbar mit den europäischen Königshäusern und Fürstenhöfen, an denen Konkubinen und Mätressen gehalten wurden – nur mit dem Unterschied, daß die osmanischen Herrscher durch den ehelichen Status für die Kinder, die aus diesen Ehen stammten, finanziell aufkamen.

Das im Okzident herrschende Bild des Harems hatte wenig mit dem realen Harem, aber sehr viel mit den Wunschvorstellungen europäischer Männer und mit ihren Phantasien, ihren Träumen von fremden Frauen zu tun. Denn es gab für fremde Männer keinen Zugang zu den Frauengemächern der osmanischen Herrscher, und die Reiseberichte darüber waren zum größeren Teil fiktive Erzählungen.

Die Phantasie vom vollständigen Besitz des weiblichen Körpers gehörte zu den wiederkehrenden Topoi der orientalisierenden Bilder, die Mitte des 19. Jahrhunderts entstanden und die man in den Salons dieser Zeit fand. Das Thema männlicher Dominanz finden wir z. B. in Sklavenmarktszenen, in denen nackte Frauen von ihren Käufern inspiziert werden. Während im 18. Jahrhundert der islamische Orient im christlichen Abendland »in der Figur des orientalischen Despoten, der mit unbeschränkter Gewalt über seinen Harem herrscht« erscheint und »das Bild eines zwar exotischen, aber doch gleichwertigen männlichen Gegners« dominiert, verändert sich das Bild des orientalischen Mannes im Westen mit den objektiven Machteinbußen des Orients. So kann man beispielsweise beobachten, daß ›der Türke‹ in der Kreuzzugsliteratur als gleichgeachteter Gegner vorkommt, während ihm in unserem Jahrhundert – schon im Ersten Weltkrieg – gerade männliche Werte wie Kraft, Standhaftigkeit, Ausdauer nicht mehr zugeschrieben werden. Der osmanische Herrscher wurde zum ›kranken Mann am Bosporus‹.[4]

4. Kohl 1989, S. 360.

Die orientalischen Männer werden im 19. Jahrhundert immer mehr entweder als blutrünstige, sadistische Herrscher oder als nachlässige Müßiggänger, die träge, kindlich und faul ihre Frauen auf den Sklavenmärkten verkaufen oder sich von ihnen bedienen lassen, dargestellt. Im imaginären Orient des 19. Jahrhunderts verkörpert sich »die Phantasie der grenzenlosen Macht des Mannes über den weiblichen Körper«.[5] Diese Männlichkeitskonstruktion ist aber nicht mehr die des »gleichwertigen männlichen Gegners«, sondern die des unterlegenen Exoten.

Die Orientalinnen werden als geheimnisvoll und unergründlich, weil verschleiert, bezeichnet. Die Orientalin fungierte als Objekt erotischen Begehrens und der Gelüste europäischer Männer, gerade weil sich ihre Wirklichkeit den unbefugten Blicken entzog und damit um so mehr zu sexuellen Träumen und Phantasien animierte. Die Verschleierung provozierte geradezu ein Bedürfnis nach Entschleierung. Das herrschende Orientbild war gekennzeichnet durch Diwane, Kissen sowie sanfte, passive Frauen, Bauchtänzerinnen und dergleichen. Die Haremsvorstellung, die in den Köpfen der Orientbegeisterten entstanden war, existierte natürlich nur in deren Phantasien. Pierre Lotis Beschreibung des Harems ist für dieses Bild vom Haremsleben charakteristisch; Loti schreibt:

»Rauch und Räucherwerk, Rauch vom Tembaki, Tamburine mit kupfernen Schellen, Männerstimmen, die wie im Traum die bizarren Weisen des Orients sangen ... Man klopft an die schwere, eisenbeschlagene Pforte; zwei kleine tscherkessische Sklavinnen öffnen lautlos ... Respektvoll ergreifen sie deine Hand und berühren sie sanft mit der Stirn ... Man steigt alte, düstere, mit prachtvollen persischen Teppichen belegte Treppen hinauf; der Haremlik öffnet sich behutsam ein wenig, und Frauenaugen blicken durch den Spalt einer mit Perlmutt eingelegten Tür auf dich ... Ein großes Gefäß aus ziseliertem Kupfer voll Glut verleiht dem Gemach eine laue, ein wenig drückende Wärme, die einschläfernd wirkt ...«[6]

Das Spektrum der Orientliteratur umfaßt alle Gattungen und die unterschiedlichsten Autoren, darunter solche, die wie Flaubert und Nerval selbst im Orient gereist sind.

Der französische Dichter Gerard de Nerval unternahm 1843 eine einjährige Orientreise. Er ist insofern eine Ausnahme, als er versuchte,

5. Ebd.
6. Loti 1987, S. 80.

Wunschdenken und Realität auseinanderzuhalten. Er kleidete sich arabisch und heiratete dort seine Sklavin Seinab. Er legte in einer autobiographischen Erzählung, die 1848 als Buch erschien, seine Eindrücke nieder. Seine Beschreibungen der »Haremsgeheimnisse« entsprachen nicht dem üblichen Klischee. Er schreibt:

»Also ist es eine Illusion, derer man sich entledigen muß, wenn man sich die Haremsfreuden, die Allmacht des Ehemannes oder Gebieters, die Schar der reizenden Frauen zur Beglückung eines einzelnen vorstellt; Religion und Gebräuche tun diesem für Europäer so verführerischen Ideal erheblichen Abbruch ...

Machen wir uns nur gänzlich mit dem Gedanken vertraut, daß in dem gesamten türkischen Reich jede verheiratete Frau die gleichen Rechte wie bei uns hat, daß sie sogar ihren Mann daran hindern kann, eine zweite Frau zu nehmen, indem sie diesen Punkt in den Ehevertrag aufnehmen läßt. Selbst wenn sie einwilligt, in demselben Haus mit anderen Frauen zu leben, hat sie das Recht, getrennt zu wohnen, und ist keineswegs, wie man annimmt, unter dem Auge ihres Gebieters oder Gemahls bestrebt, ein Bild hoher Eintracht inmitten von Sklavinnen abzugeben. Hüten wir uns, zu glauben, daß sich diese schönen Damen bereit finden, zu singen und zu tanzen, allein um ihre Herren zu erheitern. Sie sehen darin Talente, die einer ehrbaren Frau unwürdig zu sein scheinen ... Man muß überdies wissen, daß jedes Haus zwei völlig voneinander getrennte Teile hat, von dem der eine für die Männer bestimmt ist, der andere für die Frauen. Auf der einen Seite befiehlt ein Herr, auf der anderen eine Herrin. Diese ist die Mutter oder Schwiegermutter, die älteste der Gattinnen oder jene, die den ältesten Sohn geboren hat. Die erste Dame heißt die große Dame, die zweite der Papagei (Durra). Sind die Frauen zahlreich, was nur bei den Reichen vorkommt, dann ist der Harem eine Art Kloster, in dem eine strenge Ordnung herrscht. Man beschäftigt sich hauptsächlich mit der Erziehung der Kinder, man fertigt Stickereien an und unterweist die Sklavinnen im Haushalt ...«[7]

Diese Schrift, die sachlich die Lebenswirklichkeit im Harem schilderte, konnte kaum mit den phantastischen Beschreibungen, die zum größten Teil fiktive Schilderungen waren, konkurrieren. Je mehr die europäische Lebenswelt ihren Zauber verlor, d.h. zu einer Welt der Tatsachen wurde, desto stärker war die Sehnsucht nach Verzauberung und desto mehr wurde im Abendland das Haremsleben mystifiziert. Die Lebenswirklichkeit der realen Frauen in dieser islamischen Institution beruht auf strikter Geschlechtertrennung. Sie wäre für die Produzenten des Mythos von orientalischen Liebeskünstlerinnen wohl

7. Nerval 1973, S. 248f.

eher ein Alptraum gewesen. Sie hielten sich deshalb lieber an die Märchen aus Tausendundeine Nacht oder andere Fiktionen.

Der Orientalismus trat auch manchmal im wissenschaftlichen Gewand auf. Seine Projektionen und Phantasien finden sich in der Ethnologie und in der sogenannten Völkerpsychologie. So lesen wir zum Beispiel in Friedenthals Werk »Das Weib im Leben der Völker« über Perserinnen:

»Die Perserin ist von brünettweißer Hautfarbe. Reines Weiß wird sehr geschätzt, und da es in natura fast nie vorhanden, muß die Schminke nachhelfen. In der Regel ist die Perserin von mittlerer Statur und normaler Fleischhülle. Ihre Gliedmaßen sind wohlgeformt, Busen und Hüften sind breit, jedoch die Brüste nicht besonders entwickelt; Hände und Füße sind schmal und fein; flüchtig schwebt sie mit ihren Füßchen über den Boden. Das Antlitz ist rund, die mandelförmig geschlitzten Augen sind groß und offen und erscheinen von Wollust trunken (...). Leider ist das irdische Glück der Perserin nicht von langer Dauer; bald nach ihren ersten Kindern altert sie, wird mit etwa fünfunddreißig Jahren eine Matrone und damit für ihren Herrn und ihre Freunde zu einem lebenden Inventar zweiter Ordnung.«[8]

Nach diesen Beschreibungen des Äußeren bemüht sich der Autor auch, bezüglich der Charaktereigenschaften von Perserinnen seine Vorurteile kundzutun:

»Die Tochter Persiens ist die geborene Demimondaine. Sie liebt zarte Abenteuer, bei denen sie dem Gatten Hörner aufsetzen und einen Dritten mit ihrer stets sinnlichen Liebe beglücken kann, auf solchem Gebiet ist sie Meisterin! Da sie kokett ist wie alle Orientalinnen, enthüllt sie in heimlichen Augenblicken gern ihr Antlitz einem vorübergehenden Europäer.«[9]

Das Buch ist, wohlgemerkt, 1911 geschrieben. Man fragt sich, ob Friedenthal angesichts solcher Wunschphantasien überhaupt noch ein wissenschaftliches Interesse für seinen Forschungsgegenstand entwickeln konnte. Der arrogante Ton und die voyeuristische Perspektive sind jedenfalls bezeichnend. Es handelt sich hier um ein charakteristisches Beispiel für den Zusammenhang von Rassismus und Sexismus. Frauen werden auf ihren erotischen Wert für Männer und auf ihre Charaktereigenschaften hin gemustert.

8. Friedenthal 1911, S. 352. 359.
9. Ebd., S. 358.

Hamam: Phantasie und Wirklichkeit

Hamam, das türkische Bad, ist ein weiteres Objekt der Begierde nichtislamischer Europäer. Das Gemeinschaftsbad inspirierte zahlreiche Maler und Schriftsteller, sie träumten von Badehauserotik und Lesbianismus und ließen andere davon träumen. »Auch Ingres, Delacroix, Verlaine (später Baudelaire) haben jenes Bild der Frau als reines Versprechen, als reine Form im Bild des türkischen Bades, des Harems gefunden. Die Frau ist reines Objekt, vollkommene, ebenmäßige Schönheit, absolute Passivität ...«[10] Auf diesen Bildern werden Frauen in wollüstigen Posen dargestellt, Frauen, die passiv und lasziv auf Kissen oder Diwanen liegen und sich mit Fächern wedelnd unterhalten. Sie sehen verträumt aus und scheinen die Zeit vergessen zu haben. Gemälde mit dem Thema »türkisches Bad« gibt es in sehr vielen Variationen, aber immer bieten sich die nackten Frauenkörper eng umschlungen dem europäischen Betrachter an. Bassano da Zara, ein Autor des 16. Jahrhunderts, schrieb über die weibliche Homoerotik in Zusammenhang mit dem Hamam:

> »Es ist allgemein bekannt, daß die Frauen sich infolge dieser Intimität des Waschens und Massierens heftig ineinander verlieben. Man sieht oft eine Frau, die eine andere Frau liebt, wie ein Mann es tun könnte ...«[11]

Die Hamams sind öffentliche Bäder für die von der islamischen Religion vorgeschriebenen rituellen Waschungen, aber auch für die normale Körperhygiene. Die Einrichtung geht insbesondere auf die römische und byzantinische Tradition zurück. Wie die Bäder damals enthalten sie außer dem großen Warmbad, den Heiß- und Dampfbädern auch Ruheräume und ein Kaltschwimmbad. Selbstverständlich sind die Bäder für Männer und Frauen getrennt. Heute sind sie zum Teil durch moderne Bäder ersetzt. Bei den klassischen Hamams waren die Wände und der Fußboden mit Kacheln ausgelegt, und es gab ein Marmorbecken, in dessen Mitte ein Wasserhahn aus Messing das Bad mit Wasser versorgte. Die Frauen holten sich mit Schalen oder einem Eimer Wasser, mit dem sie sich dann wuschen.

10. U. Prokop 1977, S. 157.
11. Zitiert nach: Croutier 1989, S. 91.

Das Baderitual geht auf das Reinheitsgebot im Islam zurück. Es ist eine religiöse Pflicht, sich zu reinigen und zu waschen. Der liebevolle, herzliche Umgang zwischen den Frauen, der sich auch beim Baden darin äußerte, daß sie sich gegenseitig die Haare wuschen, wurde in völliger Verkennung der Realität als lesbische Verhaltensweise gedeutet. Das Hamam erfüllte viele Bedürfnisse: sich umeinander zu sorgen, sich Leid und Freude mitzuteilen, sich über Neuigkeiten auszutauschen, sich Gesundheits- und Schönheitstips zu geben. Mütter erwachsener Söhne hielten Ausschau nach zukünftigen Schwiegertöchtern. Das Hamam war für die Frauen, was die Teehäuser für Männer waren: ein Ort für den Austausch von Nachrichten. Auch Kinder wurden zum Badetag mitgenommen, Jungen allerdings nur bis zum sechsten Lebensjahr. Danach gingen sie mit dem Vater ins Männerbad. Eine Bademeisterin wusch den Besucherinnen die Haare, entfernte mit einem Bimsstein die Hornhaut, schrubbte mit einem groben Waschlappen die Haut ab, bis sie sich warm und durchblutet anfühlte. So ein Badetag dauerte meistens mehrere Stunden. Deshalb nahmen die Frauen für sich und ihre Kinder Essen und Trinken mit. Zwischendurch wurde eine Pause gemacht, die allerdings in einem anderen Teil des Bades, also in einem Nebenraum stattfand. Schaut man sich die Gemälde zum Thema Hamam an, so sieht man Wandbehänge, die mit Gold und Perlen durchwirkt sind, persische Teppiche, Kissen und Diwane, auf denen Frauen nackt sitzen und juwelenbesetzte Pfeifen rauchen. Die Wirklichkeit sah aber selbst bei den Herrscherhäusern anders aus, nämlich weitaus weniger prunkvoll und viel sachlicher.

Die Bäder haben sich auch im Zuge der gesamtgesellschaftlichen Wandlungen verändert. Die großen Gemeinschaftsbäder gibt es zwar noch, aber vor allem in den Städten sind die Bäder in viele kleine Räume eingeteilt. Man tritt zunächst in einen Vorraum, entkleidet sich, geht in den nächsten Raum, der mit heißen Dämpfen vorgewärmt ist. Auch eine Bademeisterin gibt es noch, eine Frau, die wie andere durch ihre Arbeit im Gesundheitswesen ihren Lebensunterhalt verdient, früher wie heute fern einer homoerotischen Praxis.

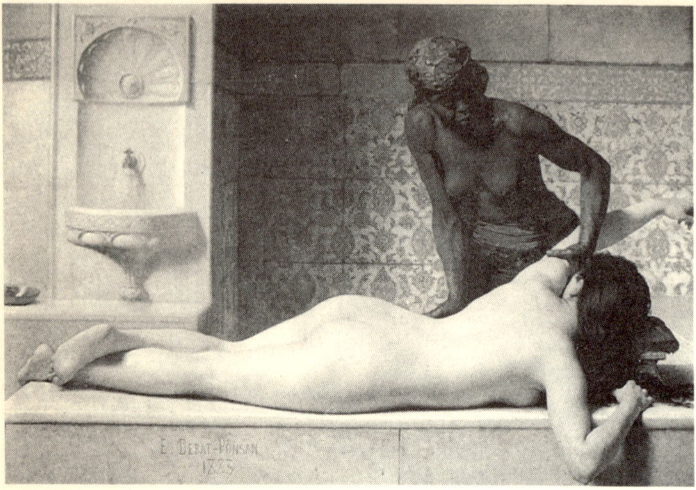

Debat-Pausan: Le Massage – Türkische Badeszene, 1883

Schleier und Bauchtanz

Harem und Schleier beherrschen als Symbole in der Vergangenheit wie auch in der Gegenwart die Diskussionen über »die Orientalin«. Beide dienten in den letzten Jahrhunderten zur Mystifizierung der Lebenswelt der Frauen aus diesem Kulturkreis, und sie dienen heute als Zeichen der zivilisatorischen Rückschrittlichkeit und Unterentwicklung eines großen Teils der Menschheit – jener einen Milliarde Moslems. Indem diese kulturellen Besonderheiten eurozentrisch und ethnozentrisch gedeutet werden, können sie zur Legitimation von Ausgrenzung, Diskriminierung und von Aggressionen herangezogen werden.

In der Gegenwart dominiert in Europa das Klischee von der unterdrückten Orientalin mit Kopftuch, verkörpert in der türkischen Frau. Das Kopftuch und der Schleier bewegen seit längerem die Gemüter sehr heftig. Das Kopftuch wird zum Symbol der Rückschrittlichkeit und der Fremdheit und hat als solches viel Anstoß erregt und als Argument für Fremdenfeindlichkeit herhalten müssen. Es ist schon erstaunlich, daß eine solche Äußerlichkeit so erbitterten Haß hervorruft. Es scheint für Westeuropäer selbstverständlich zu sein, daß Kleidung eine Sache der individuellen Freiheit ist. Diese Einschätzung beruht auf historischem Vergessen. Sie sollten sich wieder in Erinnerung rufen, daß sowohl die Verhüllung wie auch die Zurschaustellung der Frauenkörper auch im europäischen Kulturkreis der sozialen Unterordnung und Fremdbestimmung durch männliche Dominanz dienten.

Das Klischee der schleiertragenden Orientalin provoziert bis heute neben Verachtung auch verklärende Bewunderung, man entwikkelt die Vorstellung, daß das Leben im Harem »Freiheit hinter dem Schleier« sei und das Schleiertragen Glück und Sicherheit bedeute. So lesen wir 1981 bei Vittoria Alliata:

»In einer mondlosen Nacht wurde ich zu einem Fest eingeladen. Ein Fußboden aus Körpern, gehüllt in metalldurchwirkten Taft und Achatfiligrane, ein Wirbel aus Purpur und Amarant [ein trübes, dunkles Rot], aus Kadmiumgelb, Meergrün und Kobaltblau, aus Büscheln von Perlen und Basilikum, Diademen von Korallen und Brokaten. Verzückt, leidenschaftlich ragten die Körper aus den Düften nach Zimt und Tuberosen *[hyazinthenähnliche, duftende Zierpflanze, Anm. F. A.-B.]*, aus dem Funkeln des Goldes, aus dem Rauch riesiger Wasserpfeifen, wiegten sich beim ausgelassenen Gesang der Musayene, fuhren hoch in einem sinnenbetäubenden

Delirium, während die Gesichter aufflammten wie heidnische Gottheiten. Für wen, frage ich mich, diese perfekten Schönheitsmale, diese mit Antimon *[ein Halbmetall, Anm. F. A.-B.]* bemalten Stirnen, diese schwarz getupften Wimpern, wie sie vor dreitausend Jahren die Königin von Saba zu tragen pflegte? Für wen diese so fein verzierten Hände, die aussahen, als steckten sie in Spitzenhandschuhen, und diese mit geheimnisvollen Zeichen dekorierten Füße? Wo waren die Männer ...? Die Männer lagen wie immer in narkotischer Stumpfheit, ... den Frauen bleibt als Trost nichts als das erregte Durcheinander der Orgie, die Hysterie eines Rituals, das gleichzeitig Tanzvergnügen, Kino und Sauna ist, der Versuch, Einsamkeit in ein Eden zu verwandeln, in dem Schönheit und Sinnlichkeit endlich Bedeutung erlangen.«[12]

Soweit Alliatas Schilderung, die wir als eine fiktive Episode betrachten könnten, existierte diese Sichtweise nicht auch in weniger märchenhaften Erzählungen.

Dieselben Tendenzen können wir auch am Beispiel der weit verbreiteten Begeisterung für Bauchtanz feststellen. Nicht die Begeisterung an sich ist zu kritisieren, sondern daß unterstellt wird, jede Frau aus dem Orient könne Bauchtanz. Ich war unangenehm überrascht, als ich im ersten Semester meines Studiums abends im deutschen Studentenkeller aufgefordert wurde, einen Bauchtanz aufzuführen. Meine Ablehnung und die Begründung, ich könne gar nicht tanzen, wurde als Schüchternheit und Verklemmtheit gedeutet. Alle meine Erklärungsversuche schlugen fehl. Es war in Persien in bestimmten Schichten sogar verpönt, zu tanzen und zu musizieren; man ließ Tänzerinnen und Musikanten zu Feierlichkeiten kommen.

Inzwischen gibt es in Deutschland Kurse für Bauchtanz und Bauchtänzerinnen, die im Fernsehen die orientalische Kultur verbreiten wollen. Zwar ist diese Variante des Orientalismus weniger eurozentrisch als die der Orientschwärmer des 19. Jahrhunderts. Aber auch sie – so wohlwollend sie auch gemeint ist – beruht nicht auf Gegenseitigkeit der Bedürfnisse und auf gegenseitiger Akzeptanz. Gäbe es auch nur annähernd so viele Kurse über die Lebenswirklichkeit der muslimischen Frauen wie für Bauchtanz, dann hätten wir heute eine Menge Informationen, die uns bei unserem Zusammenleben in Deutschland bereichern und helfen würden.

Die Vorstellung von der unterwürfigen, mißhandelten, eingeschränkten und rückschrittlichen Orientalin verdichtet sich heute im

12. Alliata 1981, S. 155ff.

Bild der »Türkin«. Hierbei werden die beiden Geschlechter, nämlich sowohl der orientalische Mann wie auch die orientalische Frau als Negativfolie instrumentalisiert, um die eigene Überlegenheit, Aufgeklärtheit und Freiheit um so heller aufscheinen zu lassen. Der westliche, der europäische Mann kann sich dann gegen den angeblich gewalttätigen orientalischen Mann mit Stolz abgrenzen und sich seines fortschrittlichen Umgangs mit den Frauen rühmen. Die Orientalin fungiert auch als eine Negativfolie, an der die europäische Weiblichkeit gemessen wird. Die Emanzipation der Frau wird als eine Entwicklung angesehen, die heute weltgeschichtlich an der Tagesordnung ist. Die europäische Emanzipationsbewegung wird als Maßstab genommen, als ob sie sich universalisieren ließe. Auch die Wohlmeinenden leiten das Klischee der Nichtemanzipiertheit aus dem Islam ab, d.h., der Islam wird als das Erklärungsprinzip für die Unterdrückung der orientalischen Frauen benutzt. Dabei wird vergessen, daß es auch bei den Gleichheitsforderungen der europäischen Aufklärer um die »Gleichheit aller Männer im Anspruch auf die Frau« ging. Der Unterschied besteht nur darin, daß die Gewaltanwendung in den orientalischen Ländern direkt aus der väterlichen Autorität abgeleitet wird, während sie im Westen indirekt gerechtfertigt wird. Gewalt gegen Frauen ist eine alle patriarchalen Gesellschaften vereinende Struktur und darf nicht einer bestimmten Ethnie oder Kultur zugeordnet werden.[13]

Es ist paradox, daß sich gerade bei den Kritikerinnen des Patriarchats solche finden, die im Schleierzwang und in der Segregation Schutzmaßnahmen für Frauen erkennen wollen. Sie argumentieren, daß Frauen dadurch dem sexistischen Zugriff entzogen würden und nicht der feindlichen Öffentlichkeit ausgesetzt seien. In dieser Deutung treffen sich heute einige Feministinnen mit europäischen Konvertitinnen. Man kann hier auch von einer neuen Form des Exotismus sprechen. In dieser schwärmerischen Zuwendung wird ebensowenig wie in der sonst üblichen hochmütigen Abwendung die islamische Frau in ihrer historischen und sozialen Realität ernstgenommen. Hier wie da befaßt man sich lediglich mit einer Kunstfigur, die man je nach Einstellung mit fiktiven Eigenschaften ausstattet.

13. Vgl. hierzu: H. Lutz 1992, S. 57-79.

Die Religion und die Frauen

Nicht nur die islamische Frau, auch die christliche Frau wird mit einem religiösen Wertesystem und der ihr darin zugewiesenen Geschlechtsrolle von Kindheit an konfrontiert. Die dennoch auftretenden Unterschiede und Fremdheiten lassen sich in erster Linie zurückführen auf die verschiedenen Sichtweisen des Verhältnisses zwischen Staat und Religion. Die westlichen Demokratien führen ihr politisches Selbstverständnis in der Regel zurück auf die Tradition der Aufklärung, zu deren wichtigsten Anliegen der Verfassungsgrundsatz von einer Trennung zwischen Staat und Kirche gehört. Diese Errungenschaft ist in der Geschichte des christlichen Abendlandes noch relativ jung und wird in den einzelnen westlichen Ländern recht unterschiedlich realisiert (z. B. strikter Laizismus in Frankreich, Körperschaftsverträge zwischen Staat und Kirche in Deutschland, Staatskirchenstrukturen in Großbritannien). Man ist sich hier jedoch zumindest darin einig, daß man die eigene Gesellschaft als eine »säkulare« bezeichnet, in der die Religion als Privatsache verstanden wird – ganz im Gegensatz zu den islamisch geprägten Ländern.
Um zu einer realistischen Einschätzung der Stellung der islamischen Frau heute zu gelangen, sind einige Basisinformationen über den Islam notwendig, die ich im folgenden geben möchte. Anschließend werde ich skizzieren, was die Heilige Schrift des Islams, der Koran, über die Rolle der Frau sagt. Vergleichend dazu werde ich Aussagen aus der christlichen Bibel heranziehen, um mögliche Parallelen und Unterschiede zum christlichen Verständnis der Geschlechterrollen zu beleuchten.

Grundlagen des Islams

Islam heißt im Arabischen »Ergebung, Hingabe an Gott«. Der Islam ist eine monotheistische Weltreligion, die Mohammed gestiftet hat und die heute etwa eine Milliarde Anhänger hat. Der Islam entstand vor mehr als vierzehnhundert Jahren im Hidjas, einer Landschaft am Westrand der arabischen Halbinsel, die heute zu Saudi-Arabien gehört. Hier liegen die Städte, in denen Mohammed seine Hauptwirksamkeit entfaltete, Mekka und Medina. Die biblischen Traditionen und ihre Propheten werden in der von Mohammed gestifteten Religion anerkannt. Der Islam versteht sich aber als die abschließende göttliche Offenbarung und den Propheten Mohammed als Abgesandten Gottes und Siegel aller Propheten.

Mohammed wurde um 570 n. Chr. in Mekka geboren. Er verlor sehr früh seine Eltern und wurde bei seinem Onkel aufgezogen. Er widmete sich, wie die meisten seiner Landsleute, dem Handel und heiratete seine um viele Jahre ältere Dienstherrin Khadiga. Mit etwa 40 Jahren hatte Mohammed in einer Höhle am Berge Hira, in die er sich häufig zurückgezogen hatte, Visionen. Im Jahre 613 etwa begann er zu predigen und fand anfangs Anhänger vor allem unter seinen nächsten Verwandten. 622 wanderte er nach Medina aus. Mit dieser Auswanderung, der *Higra,* lassen die Muslime ihre Zeitrechnung beginnen. Die im Westen übliche Bezeichnung »Mohammedaner« oder gar »Mohammedanismus« wird von allen Muslimen abgelehnt. Mohammed ist für die Muslime kein Gott, sondern der letzte aus einer langen Reihe von Propheten. Mohammed starb 632. Nach seinem Tod gab es in der jungen Gemeinde Schwierigkeiten bezüglich eines Nachfolgers. Die Gemeinde von Medina gilt noch heute als Urbild der islamischen Gemeinschaft (*Umma*). Der gemeinsame Glaube war der verbindende Faktor. Doch gab es in der Gemeinde Spaltungen, als es um den richtigen Nachfolger, den Kalifen, ging. Während die Sunniten Abu Bakr, Umar, Utman und schließlich Ali als die »vier rechtgeleiteten Kalifen« ansehen, ist für die Schiiten Ali, Vetter und Schwiegersohn Mohammeds, sein einziger rechtmäßiger Nachfolger.

Die fünf Säulen des Islams

Es geht bei den sogenannten fünf Säulen des Islams um Hauptpflichten für jeden Muslim, die sowohl sein individuelles als auch sein gesellschaftliches Handeln regeln. Das Glaubensbekenntnis (*Schahada*) ist die erste Säule. Es lautet: »Ich bezeuge, daß es keinen Gott außer Allah gibt, und ich bezeuge, daß Mohammed der Gesandte Gottes ist.«

Die weiteren Säulen des Islam sind:
das rituelle Gebet in arabischer Sprache – fünfmal täglich in Richtung Mekka (*Salat*),
die Almosensteuer (*Zakat*), wonach jeder Gläubige jährlich mindestens einmal einen Betrag an die Armen entrichten muß,
das Einhalten des Fastenmonats Ramadan und schließlich
die Pilgerfahrt nach Mekka (*Hadsch*).

Das Leben des gläubigen Muslim gestaltet und ordnet sich um diese fünf Säulen. Das richtige Handeln ist aber nur in der Gemeinschaft (*Umma*) möglich, denn sie gibt dem Leben des Gläubigen Orientierung und Halt.

Der Islam, der dem gesamten Leben eine religiöse Ordnung gibt und alle Lebensbereiche durchdringt, regelt alle menschlichen Verhältnisse rechtlich und befaßt sich deshalb auch mit der Ordnung der Geschlechterbeziehung. Der Koran, die Heilige Schrift, enthält die Richtlinien, nach denen die Gläubigen ihr Leben auszurichten haben. »Im Namen des barmherzigen und gnädigen Gottes« ist der Anfangsvers des Korans, des heiligen Buches des Islams, mit dem jeder gläubige Muslim sein Handeln beginnt.

Das islamische Rechtssystem

Für die *Umma*, die islamische Gemeinschaft, hat Gott das Gesetz geoffenbart. Es wird *Scharia* genannt. Zwar gibt es im Koran oft bis ins kleinste Detail festgelegte Regeln des Alltags und normative Regelungen für den in der islamischen Gemeinschaft lebenden Muslim. Trotzdem war dies noch nicht ausreichend für alle Lebensbereiche – daher war es notwendig, zusätzliche Rechtsquellen zu etablieren.

Das islamische Gesetz umfaßt das ganze Leben der Gemeinschaft und enthält sowohl Vorschriften für den religiösen Kultus als auch für die zivile Rechtsordnung. Die Scharia ist nicht kodifiziert, d.h., sie wurde nicht in einem einheitlichen Gesetzbuch zusammengefaßt; sie ist durch die Jahrhunderte von Generation zu Generation weitergegeben worden. Das islamische Recht gründet sich auf vier Rechtsquellen. Es sind die folgenden:

1. Der Koran, er enthält die Offenbarungen des Propheten Mohammed in arabischer Sprache und gliedert sich in 114 Abschnitte, die Suren, mit Versen in Reimprosa. Der Koran, die Heilige Schrift der Muslime, ist aus der vorislamischen arabischen Gesellschaftsordnung heraus entstanden, nimmt auf sie Bezug und setzt sich mit ihr auseinander.

Die vorislamische arabische Gesellschaft, basierend auf Blutsverwandtschaft und Abstammung, bestand vorwiegend aus Beduinenstämmen. Die beduinische Lebensform bestimmte weitgehend das soziokulturelle Leben. Die übliche Eheform innerhalb der Stämme war die Heirat vorwiegend innerhalb des Stammes, und die bevorzugte Ehepartnerin war eine Cousine ersten Grades. Die Frau hatte eine beachtliche soziale Stellung. Sie war »Herrin des Zeltes«, und bei Konflikten mit dem Ehemann verweigerte sie ihm den Zugang zum Zelt. Diese Stellung war aber an ihren Status als Matrone gekoppelt und an die Frage, ob sie Söhne geboren hatte oder nicht. Letztere Tatsache war und ist manchmal von solchem Gewicht, daß man eine Frau nach dem Namen ihres Sohnes benennt wie z. B. »Mutter des Hamid«.

Neben der herrschenden Mono- und Polygamie gab es auch Polygynie und Polyandrie (Einehe, Mehrehe, Vielweiberei, Vielmännerei). Die Geburt weiblicher Babys war kein freudiges Ereignis, und sie wurden sogar manchmal lebendig begraben, weil eine Tochter lediglich als ein Versorgungsproblem gesehen wurde. Mohammed hat das Töten weiblicher Babys in Sure 16, Vers 57-59 verurteilt. Dort heißt es: »Und sie geben Gott Töchter – Preis sei Ihm! – und sich selbst, was sie begehren. Wenn einer von ihnen von der Geburt eines Mädchens benachrichtigt wird, bleibt sein Gesicht finster, und er unterdrückt (seinen Groll). Er verbirgt sich vor den Leuten wegen der schlimmen Nachricht. Solle er es nun trotz der Schmach behalten oder es im Boden verscharren. Übel ist, wie sie da urteilen.«

2. Die Sunna (Brauch, Tradition) ist die traditionelle Praxis des Islams. Nach dem Tode Mohammeds wurden alle Überlieferungen von und über ihn gesammelt (z. B. in der Sammlung *Hadith* = »Aussprüche des Propheten«); sie bilden in ihrer Gesamtheit die Sunna.

3. Der Konsensus der Rechtsgelehrten: Um die immer komplizierter werdenden gesellschaftlichen Probleme zu regeln, ergänzen die *Ulema*, die Rechtsgelehrten, die Tradition durch ihren Konsensus.

4. Die Schlußfolgerung: Durch Analogieschluß werden Anwendungen der traditionellen Regeln auf neue Situationen möglich.

Während die ersten zwei Rechtsquellen – der Koran und die Sunna – unveränderlich sind, wird durch die beiden zuletzt genannten Rechtsverfahren der historischen Entwicklung Rechnung getragen.

In juristischer Hinsicht ist die Scharia vor allem im Erbrecht sehr kompliziert. Töchter bekommen nach einem Todesfall weniger mit der Begründung, daß sie keine Familie versorgen müssen und außerdem *Mahr*, eine Aussteuer, erhalten. Nach dem Gesetz haben Frauen das Recht, ihr eingebrachtes Vermögen selbst zu verwalten. Das Strafrecht geht von vielen Einzelfällen aus, von Straftaten, die im Koran aufgeführt sind. *Hadd* bezeichnet die körperlichen Strafen, deren Maß in Koran und Sunna festgelegt wurde. Bei *Zina*, d.h. Unzucht, sind beispielsweise hundert Peitschenhiebe für die Nichtverheirateten und Steinigung für die Verheirateten vorgeschrieben. Für Diebstahl, Straßenraub und Verleumdung gelten auch die *Hadd*-Strafen. Bei Totschlag ist *Gisas* vorgesehen, d.h. Vergeltung, aber es genügt manchmal auch, einen Blutpreis (*Diya*) an die Familie des Opfers zu entrichten. Außerdem gibt es *Ta'zir* Strafen. Hierbei handelt es sich um Züchtigungen für Vergehen, deren Vergeltung im Koran nicht explizit festgelegt ist.

Im 8./9. Jahrhundert n. Chr. haben sich vier unterschiedliche Rechtsschulen herausgebildet: Hanbalten, Hanafiten, Malikiten und Schafiiten. Außerdem gibt es die schiitische Richtung im Iran und seit 1967 die ibaditische Richtung in Oman.

Die Scharia greift durchaus auch auf lokale und regionale Vorstellungen von Moral, Tradition und Sitte zurück und bezieht sie in ihre Auslegungsschemata ein.

Wie im Christentum gibt es auch im Islam verschiedene Glaubensrichtungen. Die wichtigsten davon sind Sunniten und Schiiten: Die Sunniten (Türken, Palästinenser, Pakistani) verstehen sich als direkte Nachkommen des Propheten Mohammed, sie erkennen nicht nur den Koran als Grundlage ihres Glaubens an, sondern auch die Sunna, die den Hadith (s.o.) enthält und außerdem die aufgezeichneten und mündlich tradierten Gewohnheiten der vier rechtgeleiteten Kalifen. Die Schiiten (Iran, Irak) sind die Anhänger Alis, des Schwiegersohns und Vetters des Propheten. Er war der erste *Imam*, die bis heute höchste religiöse Autorität der Schiiten. Der Imam gilt ihnen als Nachfolger Mohammeds, der unfehlbar ist in der Auslegung des Korans und in der Führung der Gemeinschaft.

Zu diesen Hauptgruppen kommen noch andere Sekten wie die Ahmadiyya, die Alawiten, die Drusen u.a. Die Ahmadiyya-Bewegung entstand in Pakistan. Ihre Anhänger berufen sich auf Mirza Ghulam Ahmed, der 1889 als der erleuchtete Messias und als der erwartete *Mahdi* auftrat. Die Ahmadiyya-Bewegung ist stark missionarisch aktiv (auch in Deutschland). Sie nimmt für sich in Anspruch, Vertreter aller Muslime zu sein. Im Entstehungsland Pakistan ist sie verboten. Die Alawiten sind Anhänger von Ali, bei denen er fast schon vergöttlicht wird. In ihrer Lehre sind Elemente christlicher, gnostischer und altorientalischer Herkunft anzutreffen. Die Alawiten, zu denen etwa eine halbe Million Menschen zählen, leben vor allem im Osten der Türkei und im Nordwesten Syriens; viele Kurden sind Alawiten. Die Drusen, die sich erst im 11. Jahrhundert als Gruppe gebildet haben, verehren den Kalifen Al-Hakim, der in Kairo regierte und mit zwei Persern namens Ad-Darazi und Hamza die Sekte gründete. Sie glauben, daß Gott sich zuletzt in der Gestalt Hakims offenbarte, der im Jahre 1018 n. Chr. auf mysteriöse Weise verschwand. Die Drusen leben heute vor allem im Libanon und in Südsyrien.

Es gibt im Islam wie im Christentum viele religiöse Feiertage, z. B. den Fastenmonat »Ramadan«, den Geburtstag Mohammeds oder die Himmelfahrt des Propheten. Ein Fest, das dem christlichen Weihnachten ähnelt, ist das »Idu'l Fitr«, das mit gegenseitigen Geschenken und Besuchen in neuen Kleidern sehr fröhlich gefeiert wird. Idu'l Fitr heißt »das Fest des Fastenbrechens« und zeigt das Ende des Fastenmonats Ramadan an, in dem den Armen Almosen gegeben werden sollen. Andere Festanlässe sind z. B. Beschneidung, Geburt, Heirat und Tod. Es gibt auch Speisevorschriften, die zur Zeit ihrer Entstehung – unter Hygieneaspekten betrachtet – sehr sinnvoll waren. Verboten sind kultisch unreine Speisen wie Schweinefleisch, das Fleisch von nicht nach islamischem Ritual geschlachteten Tieren, Alkohol und alles, was das Bewußtsein trübt.

Die Familie im islamischen Wertesystem

Das islamische Wertesystem ist zum größten Teil von traditionellen Strukturen wie z. B. der familistischen Orientierung geprägt. Die islamische Erziehung ist geschlechtsspezifisch. In der Familie bestimmen das Prinzip der Geschlechtertrennung und die Hierarchie nach Alter und Geschlecht weitgehend die Erziehung von Mädchen und Jungen. Es gibt während der frühen Kindheit noch ein engeres Miteinander der beiden Geschlechter. Die Kinder wachsen bis zum fünften oder sechsten Lebensjahr bei der Mutter auf und nehmen gemeinsam an den Arbeiten und an den Zusammenkünften der Frauen und Verwandten teil. Die geschlechtsspezifische Erziehung beginnt etwa im Alter von sechs Jahren. Die Jungen wechseln in den Arbeitsbereich der Männer über und definieren sich über ihre Väter. Die Einübung der späteren männlichen Rollen (Ernährer, Beschützer etc.) geschieht durch die Nachahmung väterlicher Verhaltensweisen. Die Mädchen lernen allmählich ihre spätere Rolle als Mutter und Hausfrau – durch Tätigkeiten wie Helfen im Haushalt, Beaufsichtigen der jüngeren Geschwister und ähnliches.

Auch in der Emigration ist die Familie das Zentrum sozialen Lebens, auf das jedes einzelne Familienmitglied angewiesen ist. Dem entspricht ein großer familialer Gemeinsinn:

Familieninteressen rangieren vor Individualinteressen. Zu den wichtigsten Werten der Muslime gehören Ehre (*Namus*) und Achtung (*Ehtram*). Ehre ist einer der obersten Werte, und ihr Verlust ist gleichbedeutend mit öffentlichem Gesichtsverlust – einer Schande und Schmach für die ganze Familie, vor allem für die männlichen Mitglieder. Letztere sind daher verpflichtet, die Familienehre wiederherzustellen, sollte sie verletzt worden sein.

Dem Wert Achtung wird Rechnung getragen durch die Anerkennung der Autoritätsbeziehungen innerhalb der Familie; es reicht, wenn die Achtungsregeln befolgt werden, und sei es auch nur formal. Zum Beispiel ist es nicht üblich, in Gegenwart des höherstehenden Familienmitgliedes zu rauchen. Der Sohn schuldet seinem Vater die Achtung, die Frau ihrem Mann, der jüngere Bruder dem älteren – und so weiter in diesem Sinne.

Dabei ist zu berücksichtigen, daß sich die jeweilige besondere geographische, politische, wirtschaftliche Lage, die Geschichte, die Sitten und Traditionen eines Landes auf die Religion, ihre Deutung und ihre gegenwärtige Praxis auswirken. Es gibt Unterschiede zwischen den einzelnen islamischen Gemeinden, je nachdem, ob sie den sunnitischen oder schiitischen oder einer der vielen anderen Richtungen entstammen. Die Religion hat keine vom Staatswesen unabhängige Rolle; vielmehr war und ist Religion in den meisten Gesellschaften auch ein Instrument der Herrschenden, um den Status quo aufrechtzuerhalten. Umgekehrt ist der Islam eine Lebensordnung, die auch den staatlichen Bereich betrifft. Das kann gegebenenfalls dazu führen, daß religiöse Würdenträger zugleich staatliche Macht beanspruchen (so z. B. seit 1979 im Iran).

Die Frau im Koran

Im Islam wird der Ursprungsmythos der Menschheit anders erzählt als im Christentum: Der Gedanke der Erbsünde wurde im Islam verworfen. Eva gilt hier nicht als die Verführerin Adams, nicht als die Frau, die an der Vertreibung des Menschen aus dem Paradies schuld ist. In Sure 2,36 steht nämlich: »Da ließ sie Satan beide vom Paradies fallen und vertrieb sie vom Ort, wo sie waren.«

Männer und Frauen sind in gleicher Weise aufgefordert, recht zu handeln und sich nach religiösen Lehren und Geboten zu richten. In Sure 9,71f. lesen wir:

»Die gläubigen Männer und Frauen sind untereinander Freunde. Sie gebieten das Recht und verbieten das Verwerfliche, verrichten das Gebet und entrichten die Abgabe und gehorchen Gott und seinem Gesandten. Siehe, Gott wird sich ihrer erbarmen (...) Gott hat den gläubigen Männern und Frauen Gärten versprochen, unter denen Bäche fließen und in denen sie ewig weilen werden, und gute Wohnungen in den Gärten von Eden.«

Die Frage nach der Stellung der Frau im Islam ist auch in der islamischen Welt ein vieldiskutiertes Thema, zu dem es kontroverse Meinungen gibt. Diese kontroversen Auffassungen zeigen sich bei der Auslegung von Suren, die keineswegs frauenfreundlich sind. Sure 4,34 zum Beispiel ist für die konservative Richtung die Legitimierung der prinzipiellen Unterordnung der Frau. Es heißt dort:

»Die Männer haben Vollmacht und Verantwortung gegenüber den Frauen, weil Gott die einen vor den anderen bevorzugt hat und weil sie von ihrem Vermögen (für die Frauen) ausgeben. Die rechtschaffenen Frauen sind demütig ergeben und bewahren das, was geheimgehalten werden soll, da Gott es geheimhält. Ermahnt diejenigen, von denen ihr Widerspenstigkeit befürchtet, und entfernt euch von ihnen in den Schlafgemächern und schlagt sie. Wenn sie euch gehorchen, dann wendet nichts Weiteres gegen sie an. Gott ist erhaben und groß.«

Die männliche Überlegenheit wird sowohl mit der Gottesbevorzugung begründet als auch damit, daß Männer die Frauen ökonomisch unterhalten. Ihre ökonomische Überlegenheit gibt ihnen das Recht, Gehorsam von ihren Ehefrauen zu verlangen und sie im Falle ihrer Auflehnung zu züchtigen.

Die Auslegung der Sure 4,3 ist zwischen islamischen Konservativen und Reformisten umstritten; es handelt sich um die Legitimierung der Polygamie bzw. ihre Ablehnung, es heißt dort:

»Und wenn ihr fürchtet, gegenüber den Waisen nicht gerecht zu sein, dann heiratet, was euch an Frauen beliebt, zwei, drei oder vier. Wenn ihr aber fürchtet, (sie) nicht gleich zu behandeln, dann nur eine, oder was eure rechte Hand (an Sklavinnen) besitzt. Das bewirkt es eher, daß ihr euch vor Ungerechtigkeit bewahrt.«

Sure 4,129 sagt über die Gleichbehandlung aller Frauen:

»Und ihr werdet es nicht schaffen, die Frauen gleich zu behandeln, ihr mögt euch noch so sehr bemühen (...).«

Dieses Gebot der Gleichbehandlung gilt nicht nur für die materiellen Güter, sondern auch bezüglich der sexuellen Gunst für alle Ehefrauen. Denn die sexuelle Befriedigung der Frau gehört zu den ehelichen Rechten jeder Frau. Überhaupt soll die Harmonie der Sozialordnung durch sexuell befriedigte verheiratete Menschen (Mann wie Frau) gewährleistet sein.

Die islamischen Reformisten legen die Koranstelle bezüglich der Polygamie so aus, daß daraus ein praktisches Verbot der Polygamie folgen muß. Sie meinen, die Gleichbehandlung mehrerer Frauen sei unmöglich und nicht realisierbar. Die Sitte der Polygamie entstand zu einer Zeit, als aufgrund häufiger Kriegszüge viele Frauen schon in jungen Jahren zu Witwen wurden. In politisch instabilen Zeilen sollten Frauen vor sexuellen Angriffen in Form von Vergewaltigungen geschützt werden, Harems hatten eine schützende Funktion (»Haram« = dt. »verboten«, siehe S. 14). Der uneingeschränkte Zutritt zum Frauenbereich war für Männer verboten. Diese gesellschaftlichen Institutionen können sicherlich auch sexistische Dominanzansprüche über das Leben der Frauen darstellen. Sie können aber nicht isoliert von ihrem sozialen Umfeld analysiert werden. Die Polygamie kann auch von seiten der Frau durch den Ehevertrag verhindert werden. Bei der Eheschließung kann sie den Mann zur monogamen Ehe verpflichten. Die Ehe im Islam ist kein Sakrament wie im Katholizismus, sondern ein Rechtsvertrag zwischen Mann und Frau. Dieser soll das Zusammenleben zwischen Mann und Frau regeln und der Erzeugung von Kindern dienen. Die Ehe gilt als eine moralische Verpflichtung jedes Muslims, unterwirft er sich doch damit dem Willen Gottes. Sure 30,21:

»Und es gehört zu seinen Zeichen, daß Er euch aus euch selbst Gattinnen erschaffen hat, damit ihr bei ihnen wohnet. Und Er hat Liebe und Barmherzigkeit zwischen euch gemacht ...«

Die Braut erhielt bei der Hochzeit die Morgengabe (*Mahr*). Die Funktion dieser Brautgabe lag darin, daß sie die Frau vor Elend bewahren sollte im Falle einer Verstoßung von seiten des Mannes. Das war besonders vonnöten, wenn ihre Verwandten nicht mehr lebten. Mit der Morgengabe sollte die Frau ökonomisch abgesichert sein. Denn die geschiedene Frau hatte nur während der gesetzlichen Wartezeit ein Recht auf Unterhalt. Nach der Wartezeit bestand keinerlei Unterhaltsverpflichtung des Ex-Mannes mehr. Sure 65 widmet sich in 12 Versen dem Thema der Ehescheidung.

Vers 1: »O Prophet, wenn ihr die Frauen entlaßt, dann entlaßt sie unter Beachtung ihrer Wartezeit, und berechnet die Wartezeit (sorgfältig). Und fürchtet Gott, euren Herrn. Weiset sie nicht aus ihren Häusern aus. Sie sollen auch nicht selbst ausziehen, es sei denn, sie begehen eine offenkundige schändliche Tat. Das sind die Rechtsbestimmungen Gottes. Wer die Rechtsbestimmung Gottes übertritt, der tut sich selbst Unrecht (...).« Vers 4: »Und für die von euren Frauen, die keine Menstruation mehr erwarten, falls ihr da Zweifel hegt, gilt eine Wartezeit von drei Monaten. Und ebenso für die, die keine Menstruation haben. Für die, die schwanger sind, ist die Frist erreicht, wenn sie gebären, was sie (in ihrem Leib) tragen (...).« Vers 6: »Laßt sie dort wohnen, wo ihr selbst wohnt, euren Möglichkeiten entsprechend. Und fügt ihnen keinen Schaden zu, um sie in Bedrängnis zu bringen. Und wenn sie schwanger sind, dann übernehmt für sie die nötigen Aufwendungen, bis sie gebären (...). Wenn sie für euch das Kind stillen, dann laßt ihnen ihren Lohn zukommen, und beratet euch untereinander (darüber) in rechtlicher Weise. Und wenn ihr euch schwer einigen könnt, dann wird wohl eine andere (das Kind) für ihn stillen.«

Es ist im allgemeinen üblich, daß ein *Wali*, d.h. ein Vertreter aus der Verwandtschaft, den Vertrag über die Eheschließung für das Mädchen aushandelt. In der Ehe besteht Gütertrennung, d.h., die Frau kann über ihr Vermögen frei verfügen.

Die Kindererziehung ist das Recht und die Pflicht der Frau. Dies gilt für Söhne bis zum 7. Lebensjahr, bei Töchtern bis zur Pubertät. Die Ehe kann jederzeit geschieden werden. Dies geschieht durch die Verstoßung der Frau durch den Mann (*Talag*). Mit der Aussprechung der Talag-Formel verzichtet der Ehemann auf seine Rechte an der Frau. Das Verstoßungsrecht hat nur der Mann. Die Frau kann im Ehevertrag ihr Recht auf Scheidung festhalten lassen. Sie kann sich auch unabhängig vom Ehevertrag scheiden lassen bei ständiger Abwesenheit des Mannes, Impotenz, Geisteskrankheit und wenn der Unterhaltspflicht nicht entsprochen wird.

Es gibt im Falle der Verstoßung eine Wartezeit von vier Monaten. Die vom Mann ausgesprochene Verstoßung kann nach dieser Zeit wieder zurückgenommen werden. Die Ehe gilt aber erst dann definitiv als geschieden, wenn die Scheidungsformel dreimal ausgesprochen wurde. Die folgenden Suren sind in diesem Zusammenhang wichtig:

2,226: »Diejenigen, die schwören, sich ihrer Frauen zu enthalten, haben vier Monate zu warten. Wenn sie es aber zurücknehmen, so ist Gott voller Vergebung und barmherzig.« 227: »Und wenn sie sich zur Entlassung entschließen – siehe, Gott hört und weiß alles.« 228: »Die entlassenen Frauen haben drei Perioden lang zu warten. Es ist ihnen nicht erlaubt, zu verschweigen, was Gott in ihrem Schoß erschaffen hat, so sie an Gott und den Jüngsten Tag glauben. Ihre Gatten haben eher das Recht, sie während dieser Zeit zurückzunehmen, wenn sie eine Aussöhnung anstreben. Und sie (die Frauen) haben Anspruch auf das gleiche, was ihnen obliegt, und dies auf rechtliche Weise. Die Männer stehen eine Stufe über ihnen.« 229: »Die Entlassung darf zweimal erfolgen. Dann müssen sie (die Frauen) entweder in rechtlicher Weise behalten oder im Guten freigegeben werden. Und es ist euch nicht erlaubt, etwas von dem, was ihr ihnen zukommen ließet, zu nehmen, es sei denn, beide fürchten, die Bestimmungen Gottes nicht einzuhalten (...).« 231: »Und wenn ihr die Frauen entlaßt und sie das Ende ihrer Frist erreichen, dann behaltet sie in rechtlicher Weise oder gebt sie in rechtlicher Weise frei. Behaltet sie aber nicht aus Schadenlust, um Übertretungen zu begehen. Wer dies tut, der hat sich selbst Unrecht getan.«

Im Falle des Ablebens des Mannes erbt die Witwe die Hälfte dessen, was dem Witwer in der gleichen Situation zufällt. Sure 4,12:

»Euch steht die Hälfte dessen, was eure Gattinnen hinterlassen, zu, wenn sie keine Kinder haben. Wenn sie Kinder haben, dann steht euch ein Viertel dessen, was sie hinterlassen, zu (...). Und es steht ihnen ein Viertel dessen, was ihr hinterlaßt, zu, wenn ihr keine Kinder habt. Wenn ihr Kinder habt, dann steht ihnen ein Achtel dessen, was ihr hinterlaßt, zu (...).« Und Sure 4,19:

»O ihr, die ihr glaubt, es ist euch nicht erlaubt, die Frauen wider ihren Willen zu erben (sie wie ein Erbteil zu behandeln). Und setzt ihnen nicht zu, um etwas von dem zu nehmen, was ihr ihnen zukommen ließet, es sei denn, sie begehen eine schändliche Tat (...).« Die Frau bestimmt uneingeschränkt über ihr Vermögen und kann eigenständig ihr Vermögen regeln und verwalten. Die Kinder erben laut Sure 4,11 wie folgt:

»Einem männlichen Kind steht soviel wie der Anteil von zwei weiblichen zu; sind es nur Frauen, über zwei an der Zahl, so stehen ihnen zwei Drittel dessen, was er hinterläßt, zu, ist es nur eine, so steht ihr die Hälfte zu.« Die bevorzugte Behandlung der männlichen Erben wird dadurch legitimiert, daß Männer allein für den Familienunterhalt aufkommen müssen und der Mann die Morgengabe an seine Frau entrichten muß. In Sure 4,4 lesen wir über die Morgengabe:

»Und gebt den Frauen ihre Morgengabe als Geschenk. Wenn sie euch freiwillig etwas davon überlassen, so könnt ihr es verbrauchen (...).« Die Höhe der Morgengabe (*Mahr*) wird vertraglich festgelegt.

Die Verschleierung und die damit verbundene Segregation ist nicht nur hier im Westen, sondern auch in den Diskussionen um die Frauenemanzipation in den islamischen Ländern eines der Hauptthemen. Im Hinblick auf diese Frage wird ein Koranzitat kontrovers erörtert. In Sure 33,5 heißt es:

»O Prophet, sage deinen Gattinnen und deinen Töchtern und den Frauen der Gläubigen, sie sollen etwas von ihrem Überwurf über sich herunterziehen. Das bewirkt eher, daß sie erkannt werden und daß sie nicht belästigt werden. Und Gott ist voller Vergebung und barmherzig.«

Die islamischen Reformisten erörtern diese Stelle so, daß daraus keine Verschleierungspflicht für alle Frauen abgeleitet werden kann. Sie begründen dies damit, daß diese Koranstelle offensichtlich nur an die Frauen des Propheten gerichtet ist. Sie könne folglich nicht auf alle Frauen erweitert werden. Die Konservativen ihrerseits legitimieren die Verschleierung aller Frauen mit eben dieser und außerdem mit anderen Koranstellen.

Fatema Mernissi, eine marokkanische Soziologin, hat eine andere Interpretation des Verschleierungsgebots. Sie basiert auf der Sure 33,53:

»O ihr, die ihr glaubt, tretet nicht in die Häuser des Propheten ein – es sei denn, das wird euch erlaubt – zur Teilnahme an einem Essen, ohne auf die Essenszeit zu warten. Wenn ihr dann hereingerufen werdet, dann tretet ein, und, wenn ihr gegessen habt, dann geht auseinander, und (dies) ohne euch einer Unterhaltung hinzugeben. Damit fügt ihr dem Propheten Leid zu, aber er schämt sich vor euch. (...) Und wenn ihr sie (die Frauen des Propheten) um einen Gegenstand bittet, so bittet sie von hinter einem Vorhang. Das ist reiner für eure Herzen und ihre Herzen. Und es steht euch nicht zu, dem Gesandten Gottes Leid zuzufügen, und auch nicht jemals seine Gattinnen nach ihm zu heiraten. Das wäre bei Gott etwas Ungeheuerliches.«

Mernissi sieht in Anlehnung an Tabari (einen herausragenden Kommentator des Korans) in dieser Sure das »Herabkommen des Hijabs« und untersucht die Entstehungsgeschichte des *Hijabs* (*Hijab* = arab. für Vorhang). Sie schreibt, daß die Hijab-Sure am Tag der Hochzeit des Propheten entstanden sei. »Der Prophet hatte soeben geheiratet, er wartete voller Ungeduld darauf, mit seiner neuen Braut, seiner Cousine Zainab, allein zu sein, es gelang ihm jedoch nicht, eine kleine Gruppe von taktlosen Gästen loszuwerden, die sich in ihren Plaudereien vergessen hatten. Der Schleier soll eine Antwort Gottes an eine Gemeinschaft ohne Feingefühl gewesen sein, die durch ihre Taktlosigkeit einen Propheten verletzte, dessen Höflichkeit an Schüchternheit grenzte; (...).«[14] Der Prophet habe dann einen Vorhang zwischen sich und den letzten Gast, der sich auf der Schwelle seines Brautgemachs befand, gezogen und

14. Mernissi 1989, S. 114.

den Hijab-Vers verkündet. Den Begriff Hijab, der ursprünglich einen Vorhang bezeichnete, auf ein Stück Stoff zu reduzieren, das die Männer den Frauen zur Verschleierung aufgezwungen haben, hieße demnach, ihn seines ursprünglichen Sinnes zu berauben. »Vor allem vor dem Hintergrund, daß der Hijab, entsprechend dem Koranvers und der Erklärung Tabaris, vom Himmel ›herabgekommen‹ ist, um den Raum zwischen zwei Männern zu teilen.«[15] Daraus folgert Mernissi: »Der Schleier, der vom Himmel herabkam, wird die Frau verhüllen, sie vom Mann, vom Propheten und folglich von Gott trennen.«[16] Nach dieser Interpretation ist der Schleier keineswegs ein Mittel der Repression – oder besser: Er braucht nicht notwendigerweise so gehandhabt zu werden. Vielmehr kann er in den Rahmen eines allgemeinen Keuschheitsgebotes gestellt werden, einer Verpflichtung auf Takt und Zurückhaltung im Umgang zwischen den Geschlechtern. Diese Forderung betrifft allerdings beide Geschlechter. Repressiv wird sie erst, wenn sie zur Einschränkung nur eines Geschlechtes, des weiblichen, ausgelegt wird. Sure 24,30f. belegt, daß sowohl Männer als auch Frauen dazu angehalten werden, sich schamhaft zu verhalten, das heißt, ein sittsames Verhalten wird von den *beiden* Geschlechtern in gleicher Weise erwartet. Dort heißt es nämlich:

»Sprich zu den gläubigen Männern, sie sollen ihre Blicke senken und ihre Scham bewahren. Das ist lauterer für sie. Gott hat Kenntnis von dem, was sie machen. Und sprich zu den gläubigen Frauen, sie sollen ihre Blicke senken und ihre Scham bewahren, ihren Schmuck (d.h. die Körperteile, an denen sie Schmuck tragen) nicht offen zeigen, mit Ausnahme dessen, was sonst sichtbar ist. Sie sollen ihren Schleier auf den Kleiderausschnitt schlagen und ihren Schmuck nicht offen zeigen, es sei denn ihren Ehegatten, ihren Vätern, den Vätern ihrer Ehegatten, ihren Söhnen, den Söhnen ihrer Ehegatten, ihren Brüdern, den Söhnen ihrer Brüder und den Söhnen ihrer Schwestern ...«

15. Ebd., S. 127.
16. Ebd., S. 134.

Die Frau in der Bibel

Die Stellung der Frau im christlichen Abendland wird durch verschiedene Traditionen geprägt. Unter ihnen lassen sich drei Hauptstränge unterscheiden, nämlich die griechisch-römische, die germanische und die jüdisch-christliche Tradition. Erst die christliche Tradition, die die griechisch-römische und die germanische integrierte, enthielt eine religiös geprägte Definition der Stellung der Frau. Charakteristisch ist, daß gegenüber den vorhergehenden Traditionen die religiöse Definition der Stellung der Frau gerade zu ihrer Unterordnung führte.

Die untergeordnete Stellung der Frau wurde schon von der Schöpfungsgeschichte her legitimiert. Die Frau sei aus einem Teil des Mannes, nämlich aus seiner Rippe gemacht worden, und Gott habe sie für den Mann gemacht, nämlich damit er »eine Gehilfin habe«. Diese sekundäre Rolle der Frau erhielt noch eine besondere Note durch die Geschichte vom Sündenfall, denn darin geht es nicht nur darum, daß die Frau dem Manne gegenüber eine dienende Rolle einzunehmen hat, vielmehr präsentiert sie die Frau auch moralisch gesehen in einer minderwertigen Rolle: Sie ist es, die sich zuerst von der Schlange zur Übertretung von Gottes Gebot überreden läßt, und sie ist es, die dann auch Adam zu derselben Übertretung verführt. Das heißt: Durch sie ist eigentlich das Unglück über die Welt gekommen, nämlich die Vertreibung aus dem Paradies. Diese Interpretation der Hebräischen Bibel ist jedenfalls diejenige, die sich im Laufe der christlichen Kirchengeschichte durchgesetzt hat. Religionswissenschaftlerinnen und Bibelforscherinnen heute zeigen neue Perspektiven dazu auf.[17]

Das Neue Testament – der eigene christliche Beitrag zur Bibel – hat gegenüber dieser Konstellation keineswegs eine Befreiung gebracht. Vielmehr wurde die Situation verschärft, indem nun die Mann-Frau-Beziehung in der Schöpfungsgeschichte explizit zu einer Legitimation der Herrscherrolle des Mannes gegenüber der Frau ausgebaut wurde. Die entsprechenden Stellen finden sich bei Paulus, dem ersten Theologen und grundlegenden Theoretiker des Christentums. Lesen wir dazu seinen ersten Brief an Timotheus. In Kapitel 2,8-15 steht:

17. Vgl. Pagels 1991.

»... Auch sollen die Frauen sich anständig, bescheiden und zurückhaltend kleiden; nicht Haartracht, Gold, Perlen oder kostbare Kleider seien ihr Schmuck, sondern gute Werke; so gehört es sich für Frauen, die gottesfürchtig sein wollen. Eine Frau soll sich still und in aller Unterordnung belehren lassen. Daß eine Frau lehrt, erlaube ich nicht, auch nicht, daß sie über ihren Mann herrscht; sie soll sich still verhalten. Denn zuerst wurde Adam erschaffen, danach Eva. Und nicht Adam wurde verführt, sondern die Frau ließ sich verführen und übertrat das Gebot (...).«

Die Frau soll also still, bescheiden und unterwürfig sein, denn sie wurde nach Adam geschaffen, und sie ist die erste Sünderin. Die genannte Stelle fügt den schon erwähnten Punkten einen weiteren hinzu, der historisch sehr wirksam wurde: Eine Frau soll sich belehren lassen, aber nicht selbst lehren. Das hat, je mehr sich das Christentum zur Kirche formierte, dazu geführt, daß Frauen von Ämtern ausgeschlossen wurden.

Die Formation des Christentums zur Kirche, also zu einer gesellschaftlichen Institution, bildete auch den Hintergrund für eine weitere Legitimation der Unterordnung der Frau. Das Geschlechterverhältnis, oder allgemeiner: die Ordnung der Familie wurde nämlich in Analogie zur hierarchischen Ordnung der Kirche gedacht. Die Einheit der einen wie der anderen menschlichen Gemeinschaft konnte nur als Einheit durch Unterordnung unter ein Oberhaupt vorgestellt werden. Auch dies wird wieder deutlich bei Paulus ausgesprochen. In seinem Brief an die Epheser in Kapitel 5,21-33 lesen wir:

»Einer ordne sich dem anderen unter in der gemeinsamen Ehrfurcht vor Christus. Ihr Frauen, ordnet euch euren Männern unter wie dem Herrn (Christus); denn der Mann ist das Haupt der Frau, wie auch Christus das Haupt der Kirche ist; er hat sie gerettet, denn sie ist sein Leib. Wie aber die Kirche sich Christus unterordnet, sollen sich die Frauen in allem den Männern unterordnen (...).«

Allerdings werden die Männer auch zur Sanftmut gegenüber ihren Frauen aufgefordert, doch es bleibt die Sanftmut des Herrschenden, des Patriarchen. So heißt es im Brief an die Kolosser 3,18-19:

»Ihr Frauen, ordnet euch euren Männern unter, wie es sich im Herrn geziemt. Ihr Männer, liebt eure Frauen, und seid nicht aufgebracht gegen sie! (...)«

Deutsche Bäuerin in ihrer fränkischen Tracht, 1987
»Früher, da wär man nie in die Kirche reingegangen ohne Kopfbedeckung, jetzt im Sommer mach ich das schon.«

Bekanntlich ist das Christentum gegenüber der Sexualität und überhaupt allen leiblichen Regungen äußerst skeptisch, um nicht zu sagen feindselig. Die »fleischliche Lust« ist ohnehin nur im Rahmen der Ehe zugelassen bzw. umgekehrt: Die Ehe wird als eine Kanalisierungs- und Kontrollmöglichkeit für die fleischlichen Begierden gesehen, als eine moralisch notwendige Institution. Im 1. Korintherbrief 7,1-16 und 25-40 wird die Ehelosigkeit gelobt.

»Wegen der Gefahr der Unzucht soll aber jeder seine Frau haben, und jede soll ihren Mann haben (...).« Besser allerdings wäre es, daran läßt vor allem Paulus keinen Zweifel, wenn man von alledem überhaupt frei wäre. So empfiehlt er zumindest den Amtsträgern die Ehelosigkeit – natürlich vorausgesetzt, daß sie sich der fleischlichen Lust enthalten können. »Bist du an eine Frau gebunden, suche dich nicht zu lösen; bist du ohne Frau, dann suche keine. Heiratest du aber, so sündigst du nicht; und heiratet eine Jungfrau, sündigt auch sie nicht (...)« (Vers 27.28).

Von besonderem Interesse im Vergleich zum Islam ist die Frage, ob die christliche Religion über die allgemeine Forderung der Sittsamkeit hinaus den Frauen auch bestimmte Vorschriften darüber macht, wie sie sich zu kleiden haben. Das ist allerdings der Fall, und wir können bis heute feststellen, daß in manchen Teilen des Christentums von den Frauen zumindest in kirchlichen Räumen die Bedeckung des Kopfes verlangt wird. Diese Forderung war allerdings ursprünglich allgemeiner und betraf das Erscheinen der Frauen in der Öffentlichkeit überhaupt. Sie geht vermutlich auf Paulus' Brief an die Korinther zurück. In 1. Korinther 11,3-16 heißt es:

»Ihr sollt aber wissen, daß Christus das Haupt des Mannes ist, der Mann das Haupt der Frau und Gott das Haupt Christi. Wenn ein Mann betet oder prophetisch redet und dabei sein Haupt bedeckt hat, entehrt er sein Haupt. Eine Frau aber entehrt ihr Haupt, wenn sie betet oder prophetisch redet und dabei ihr Haupt nicht verhüllt. Sie unterscheidet sich dann in keiner Weise von einer Geschorenen. Wenn eine Frau kein Kopftuch trägt, soll sie sich doch gleich die Haare abschneiden lassen. Ist es aber für eine Frau eine Schande, sich die Haare abschneiden oder sich kahlscheren zu lassen, dann soll sie sich auch verhüllen. Der Mann darf sein Haupt nicht verhüllen, weil er Abbild und Abglanz Gottes ist; die Frau aber ist der Abglanz des Mannes. Denn der Mann stammt nicht von der Frau, sondern die

Frau vom Mann. Der Mann wurde auch nicht für die Frau geschaffen, sondern die Frau für den Mann. Deswegen soll die Frau mit Rücksicht auf die Engel das Zeichen ihrer Vollmacht auf dem Kopf tragen (...) Urteilt selber! Gehört es sich, daß eine Frau unverhüllt zu Gott betet? Lehrt euch nicht schon die Natur, daß es für den Mann eine Schande, für die Frau aber eine Ehre ist, lange Haare zu tragen? Denn der Frau ist das Haar als Hülle gegeben. Wenn aber einer meint, er müsse darüber streiten: Wir und auch die Gemeinde Gottes kennen einen solchen Brauch nicht.«

Interessant an dieser Stelle ist besonders, wie Paulus das Auftreten der Geschlechter geradezu konträr definiert: Was für das eine Geschlecht gut ist, ist für das andere Geschlecht schändlich und umgekehrt. Eine besondere Begründung gibt es dabei nur für die Seite des Mannes, für den er hier anstößigerweise die Gottesebenbildlichkeit allein beansprucht. Ein Hinweis auf den im Islam so ernst genommenen erotischen Reiz der Haare findet sich dagegen bei Paulus nicht. Wichtig ist aber festzuhalten, daß sich im christlichen Abendland die Reglementierung von Haartracht und Kopfbedeckung sehr weit ausdifferenzierte und je nach gesellschaftlicher Stellung und Lebensalter zu unterschiedlichen Vorschriften führte. Ähnliche Entwicklungen gab es auch in den islamischen Gesellschaften.

Über die Witwen lesen wir in 1. Timotheus 5,3-16 auch wenig Gutes, denn gewarnt wird hier vor allem vor liederlichen und schwatzhaften jüngeren Witwen.

»Jüngere Witwen weise ab; denn wenn die Leidenschaft sie Christus entfremdet, wollen sie heiraten und ziehen sich den Vorwurf zu, ihrem Versprechen (das sie Christus gegeben haben) untreu geworden zu sein. Außerdem werden sie faul und gewöhnen sich daran, von Haus zu Haus zu laufen. Aber nicht nur faul werden sie, sondern auch geschwätzig; sie mischen sich in alles und reden über Dinge, die sie nichts angehen.«

Heute haben diese biblischen Leitsätze allerdings eher den Charakter von Erinnerungen. Die gegenwärtige Situation der Frau in westlichen Ländern ist durch mehrere Liberalisierungswellen und die Emanzipationsbestrebungen der Frauenbewegung verbessert worden. Im Ergebnis muß man sagen, daß das gesellschaftliche Verständnis der Rolle der Frau heute weitgehend säkular bestimmt wird.

Aber all das hat noch keine lange Tradition und ist keineswegs durchgängig realisiert. Um so nötiger ist es, daran zu erinnern, daß auch im christlich-abendländischen Kulturkreis eine religiöse Prägung der konkreten Situation der Frau und ihres Rollenverständnisses selbstverständlich war und zum Teil auch noch ist.

Sexualität und Körperlichkeit im Islam

Die Geschichte der menschlichen Sexualität ist eine Geschichte von Verboten, Repressionen, Verheimlichung und Zensur. Nach christlicher Auffassung sollte die Sexualität ausschließlich als Mittel der Fortpflanzung dienen, und das sich legitim fortpflanzende Paar setzte sich als Norm und Modell durch. Im Gegensatz dazu hat der Islam eine offene und zustimmende Einstellung zur Sexualität; sie gilt als eine positive Energie und ein Trieb, dessen Befriedigung für ein harmonisches Dasein im Diesseits legitimes Recht des Mannes wie der Frau ist. Diese positive Einstellung zur Sexualität erkennt man besonders daran, daß die sexuelle Lust ein wesentliches Element der paradiesischen Freuden darstellt.

Was sagt der Koran?

Ganz im Gegensatz zur christlichen Paradiesvorstellung ist das islamische Paradies keineswegs ein geschlechtsneutraler Ort. Für die Christen lautet die Prophezeiung: »Wenn sie von den Toten auferstehen werden, so werden sie nicht freien noch sich freien lassen, sondern sie sind wie die Engel im Himmel« (Markus 12,25). Dagegen beschreibt Sure 44 des Korans in den Versen 51-57 den paradiesischen Zustand wie folgt: »Die Gottesfürchtigen befinden sich an einer sicheren Stätte, in Gärten und an Quellen. Sie tragen Gewänder aus Seide und Brokat, und (sie liegen) einander gegenüber. So ist es. Und Wir geben ihnen als Gattinnen Huri mit schönen, großen Augen.«[18] Allerdings ist diese Paradiesvorstellung deutlich aus der Perspektive der Männer entworfen. Ob die Frauen mit ähnlichen Gaben beglückt werden und welches überhaupt ihre Wunschvorstellungen sind, erfahren wir nicht. Ähnliches wird in Sure 55, in gewissem Sinne sogar noch stärker, ausgedrückt – hier kommen die Frauen

18. Huri sind die Jungfrauen des Paradieses.

überhaupt nur als paradiesische Gabe für die Männer vor: »Darin sind Frauen, die ihre Blicke zurückhalten, die vor ihnen weder Mensch noch Djinn beschlafen hat.«[19] Sure 55,70-74: »Darin sind gute und schöne Frauen.« »Huri, die in den Zelten zurückgezogen wohnen.« »Vor ihnen hat sie weder Mensch noch Djinn beschlafen.« An dieser Stelle fragt man sich, ob die genannten Frauen überhaupt ein irdisches Leben hinter sich haben. Die Vorstellung, eine Frau könne auch mit einem Djinn, nämlich einem bösen Geist sexuellen Verkehr haben, dürfte auch für die christliche Tradition nicht fremd sein. Hier war die Vorstellung verbreitet, daß Frauen als Hexen es mit dem Teufel trieben. In jedem Fall bedeutet diese Vorstellung eine Radikalisierung der Keuschheitsforderung, nämlich ihre Verlegung nach innen: Es geht nicht bloß um leiblichen Vollzug, sondern schon um die Gedanken und Begierden.

Die genannten Koranstellen können den Eindruck erwecken, als sei das Paradies im Koran überhaupt oder vornehmlich ein Ort der Männer. Das ist aber nicht der Fall, wie man denjenigen Suren entnehmen kann, in denen das Sexuelle keine Rolle spielt. So wird in Sure 9,71f., die wir schon einmal erwähnten, das Paradies folgendermaßen beschrieben:

»Die gläubigen Männer und Frauen sind untereinander Freunde. Sie gebieten das Rechte und verbieten das Verwerfliche, verrichten das Gebet und entrichten die Abgabe und gehorchen Gott und seinem Gesandten. Siehe, Gott wird sich ihrer erbarmen. Gott ist mächtig und weise. Gott hat den gläubigen Männern und Frauen Gärten versprochen, unter denen Bäche fließen und in denen sie ewig weilen werden, und gute Wohnungen in den Gärten von Eden. Ein Wohlgefallen von Gott ist aber größer. Das ist der großartige Erfolg.«

Die Sexualität ist, wie aus diesen Suren des Korans zu entnehmen ist, im Islam nicht nur im Diesseits positiv besetzt, sondern auch im Jenseits. Wonnevolles und Verlockendes wird dem Gläubigen im Paradies versprochen. Schöne Jungfrauen mit großen Augen sorgen für das leibliche Wohl des Gläubigen. Das verheißungsvolle Versprechen der sexuellen Erfüllung ist allerdings wohlgemerkt an die Männer und nicht an die Frauen gerichtet.

19. Djinn: Geist, kann in Gestalt einer Fee oder als böser Dämon erscheinen.

Wie sieht die Lebensrealität aus?

Erst im Kontext der sozialen Beziehungen und der sozialen Ordnung erhält die Sexualität ihr normatives Gewicht: Hier verschwindet nun allerdings der Eindruck eines ungezwungenen Vollzuges leiblicher Lust, wie er durch die grundsätzlich positive Einstellung des Islams zur Sexualität und vor allem durch den paradiesischen Rang sexueller Lust entstanden sein mag. Insbesondere wird nun die Asymmetrie zwischen Mann und Frau unübersehbar. Die Sexualität kann »schädlich« für das soziale Gefüge sein, wenn das Individuum von der Sexualität dominiert wird, andererseits aber dient die Sexualität der islamischen Gemeinschaft, wenn sie im institutionell vorgegebenen Rahmen, d.h. in der Ehe befriedigt wird. In der erlaubten Form der Ehe gibt die sexuelle Befriedigung dem islamischen Menschen einen Vorgeschmack auf »paradiesische« Freuden. Eine lebenslange Keuschheit ist direkt gegen Gottes Gebot gerichtet, und zölibatäres Leben wird im islamischen Bereich kaum praktiziert.

Die weibliche Sexualität ist nach islamischer Auffassung als destruktiv anzusehen, da sie Chaos und Unordnung schaffen kann. Der Begriff *Fitna* (Rebellion, Verschwörung) deutet an, daß das orgiastische Ausleben der weiblichen Sexualität dem sozialen Gefüge schaden könnte, wenn Männer von dieser Sexualität beherrscht werden. Um die Fitna, d.h. das Chaos einer Gesellschaft zu verhindern und die Stabilität der Sozialordnung zu gewährleisten, müssen die Männer vor dieser »aktiven weiblichen Sexualität« geschützt werden, indem die Geschlechter getrennt werden. Frauen sollen das Haus am besten nicht verlassen und so wenig wie möglich in Erscheinung treten. Wenn sie dies tun, dann müssen sie ihren Körper verhüllen. Die Zerstörung, die durch die weibliche Verführungskunst droht, kann nur verhindert werden, wenn der Kontakt beider Geschlechter auf das Nötigste beschränkt wird. Folglich werden die Frauen auch vom öffentlichen Leben ausgeschlossen. Mit anderen Worten, man(n) grenzt Frauen aus der Öffentlichkeit aus und sperrt sie in die eng begrenzte häusliche Sphäre ein, um sich ihren unwiderstehlichen Reizen nicht aussetzen zu müssen. Frauenehre wird definiert durch sexuelle Sittsamkeit und voreheliche Keuschheit. Die Ehre des Mannes hängt davon ab, daß er darauf achtet, daß die Frauen in seiner Verwandtschaft ihren guten Ruf behalten, denn der Verlust der Ehre ist gleichbedeutend mit öffentlichem Gesichtsverlust und eine Schande nicht nur für die Frauen, sondern für die ganze Familie. Obschon die Sexualität (vor allem die männliche), wenn sie in der Ehe befriedigt wird, nach der islamischen Lehre keine destruktiven Elemente enthält, wird der weiblichen Sexualität doch eine Macht zugeschrieben, die zu Chaos und Unordnung führen kann. Wir können diese Idee der *Fitna* in Analogie zum Konstrukt der »femme fatale« sehen. Der Frau wird eine gefährliche Anziehungskraft zugeschrieben, die die Männer ihre Selbstkontrolle verlieren läßt. Wie im Christentum kann die Ehe zu einer Institution werden, deren Funktion es ist, die Sexualität zu neutralisieren. Der Mann hat im Islam die Pflicht, seine Frau sexuell zu befriedigen, aber nicht um ihretwegen, sondern um ihre gefährliche Triebhaftigkeit ruhigzustellen, zu kanalisieren. Kommt der Mann wegen Impotenz dieser Pflicht nicht nach, so wird der Frau erlaubt, sich scheiden zu lassen. Das allerdings nur, um ihr die Möglichkeit zu geben, sich erneut zu verehelichen.

Keuschheit und Unberührtheit, als konstitutiv für die weiblichen Tugenden erklärt, sind in islamischen Gesellschaften derart verinnerlicht, daß kaum ein Mädchen es wagen würde, sich über diese Tabus hinwegzusetzen. Da diese Verbote und moralischen Normen so tiefgehend ins Bewußtsein eingeprägt sind, daß Tabubrüche selten vorkommen, ist zu fragen, weshalb die Ausgrenzung der Frauen durch Segregation und Kopfbedeckung bzw. Verschleierung immer noch bzw. wieder vollzogen wird.

Im allgemeinen wird als rationaler Grund für die Segregation und Verschleierung der Schutz der Frauen angegeben. Sie sollen vor der Zudringlichkeit von Männern bewahrt werden. Dabei wird auf seiten der Männer eine ständige Potenz und ein allgegenwärtiges Begehren unterstellt. Sicherlich aber spielt das patriarchale Eigentumsdenken hier eine Rolle. Frauen sollen überhaupt nicht öffentlich werden, weil sie eigentlich zum Haus gehören, d.h. in den Umkreis patriarchaler Verfügung. Noch tiefer scheint aber ein anderes Motiv zu liegen, das die Ökonomie des Begehrens geradezu umkehrt. Es ist zu vermuten, daß das Verschleierungsgebot für die Frauen in einer verschleierten Männerangst sein wahres Motiv hat: die Angst vor den Frauen, die sie begehren könnten, also Angst vor ihrem eigenen Begehren.

Die eingewanderten islamischen Frauen der ersten Generation, die in diesem Kontext und Wertesystem sozialisiert sind und diese

Frauen in Ägypten 1997

Werte auch verinnerlicht haben, sind ständig bemüht, eine Brücke zu schlagen zwischen den mitgebrachten Wertvorstellungen und den westlichen Normen. Sie müssen lernen, als Fremde zu leben und das Tradierte der eigenen Kultur in einen völlig anderen Kulturkreis zu integrieren, ohne sich zu assimilieren. Der häufigste Kristallisationspunkt von Familienkonflikten ist die Sorge der Eltern um die Familienehre, die wiederum definiert ist durch die sexuelle Sittsamkeit der Frau, die Keuschheit, d.h. die Jungfräulichkeit des Mädchens bis zur Heirat. Dies bedeutet für die jungen Mädchen, daß sie keine vorehelichen Beziehungen zum anderen Geschlecht haben dürfen. Mädchen werden dazu erzogen, ihren guten Ruf und die Heiratschancen zu bewahren, indem sie sich nicht in einer Weise anziehen, reden und verhalten, die als verführerisch betrachtet werden könnte. Dies führt zur Einschränkung ihrer Bewegungsfreiheit und ihrer Handlungsspielräume.

Die Aufgabe der Pädagogik angesichts solcher Probleme ist nicht einfach. Welche Partei die Erzieher oder Erzieherinnen, seien es Lehrer, Lehrerinnen oder Eltern, auch immer ergreifen, sie werden die Konflikte nur verstärken. Es bleibt nur ein sehr behutsames Vorgehen, das bei den Jugendlichen das Bewußtsein ihres gesellschaftlichen Standortes schärft und damit ihre Wahlmöglichkeiten in einer Situation zwischen den Kulturen erhöht.

Im Prinzip gilt die positive Bewertung sexueller Lust im Islam für beide Geschlechter, sie wird aber asymmetrisch insofern, als für Männer außereheliche Beziehungen zugelassen sind. Die traditionelle patriarchale Angst der Männer vor der Macht der Frauen schränkt die wonnevolle Sexualität für Frauen dadurch ein, daß ihre sexuellen Begierden nur in der ehelichen Gemeinschaft befriedigt werden dürfen. El Saadawi äußert sich darüber so:

»Die sexuelle Potenz des Mannes wurde (...) Teil der arabischen Wertvorstellungen, eng verknüpft mit den Idealen der Männlichkeit. Daher war es natürlich eine Schande, wenn von einem Mann bekannt wurde, er sei im Geschlechtsleben unfähig oder impotent. Da eine solche Schwäche selbstredend nur von einer Frau entdeckt werden konnte, wuchs die geheime Macht der Frauen, und sie wurden um so mehr zur Gefahr für den Mann: eine Frau, die nur die Welt innerhalb des Hauses kannte, war am ungefährlichsten. Wie ein Leben in der Dunkelheit die Augen blind werden läßt, so sollte durch die häusliche Abgeschiedenheit das weibliche Begriffsvermögen verkümmern. Auf diese Weise konnte sie sich kein

Urteil über die Qualitäten ihres Mannes bilden. Aus dem gleichen Grund wurden bei der Heirat stets Jungfrauen bevorzugt.«[20]

Das scheint mir eine einleuchtende Begründung zu sein, zumal wir dies auch in Schriften von Imam Ghasali, einem berühmten Religionsphilosophen (1058-1111) wiederfinden können. Er schreibt:

»Die Jungfrau wird ihren Mann lieben und sich an ihn gewöhnen, was sich wiederum günstig auf die ehelichen Beziehungen auswirkt (...) Eine Frau, die Erfahrung mit anderen Männern gehabt hat oder bereits verheiratet war, wird die Eigenheiten ihres Mannes oft mit denen anderer Männer vergleichen und unzufrieden sein.«[21]

Ghasali spricht hier unverblümt etwas aus, was mehr mit dem patriarchalen Machtbestreben der Männer zu tun hat, mit dem Wunsch, über Frauenkörper zu verfügen, als mit dem Inhalt des Korans.

Dennoch werden im Koran die Männer, was die Befriedigung ihres Geschlechtstriebes angeht, bevorzugt behandelt. Al-Ghasali schreibt, daß das sexuelle Verlangen auch ohne den Zweck der Kinderzeugung befriedigt werden darf:

»Freilich soll der Geschlechtstrieb nicht lediglich die Kinderzeugung erzwingen. Die mit seiner Befriedigung verbundene Lust, mit der sich, wenn sie von Dauer wäre, keine andere vergleichen ließe, soll nämlich auf die im Paradies verheißenen Wonnen hindeuten. Denn es wäre nutzlos, einem eine Wonne in Aussicht zu stellen, die er niemals empfunden hat.«[22]

Um die Mitglieder der Gemeinschaft vor den Gefahren der *Fitna* (Chaos, Untergang) zu schützen, ist es für den Mann wie auch für die Frau eine Pflicht, sich gegenseitig in der Ehe sexuell zu befriedigen.

Als besonders deutliches Zeugnis für die einseitige männliche Sicht der Sexualität im Islam und die Privilegierung der Männer gilt immer wieder Sure 2,223: »Eure Frauen sind für euch ein Saatfeld. Geht zu eurem Saatfeld, wo immer ihr wollt.« Diese Sure sei ein zweideutiger Vers, der verschiedene Interpretationen zulasse, lesen

20. Saadawi 1980, S. 126.
21. Al-Ghasali 1917, S. 64.
22. Ebd., S. 22.

wir bei Mernissi in ihrem Buch »Der politische Harem«. Mernissi folgert nach eingehender Analyse der Kommentare von Tabari, daß dieser Vers als Ergebnis einer Debatte über die sexuellen Praktiken zu deuten sei. Mernissi schreibt: »Sicher war also, daß der Himmel durch diesen Vers die Männer unterstützt: Sie besaßen das Recht, die Stellung zu wählen, die sie wollten.«[23]

Arsalus Kayir, türkische Professorin für Psychologie, schreibt über die sexuellen Probleme der Frauen: »Wir leben in einer Gesellschaft, in der die Meinung vorherrscht, Sexualität sei für den Mann eine physiologische Notwendigkeit, für die Frau aber ein Phänomen, das sie nur in ihrer Ehe erleben könne. So wird dem Mann ab der Pubertät das Recht auf sexuelle Erfahrungen zuerkannt, die Frau hat jedoch erst ab dem Zeitpunkt, ab dem sich potentielle Heiratskandidaten melden, das Recht, ihre Sexualität zu leben. Dieser Zeitraum kann in ländlichen Gegenden, entgegen dem Wunsch des Mädchens, im Alter von zwölf Jahren beginnen oder sich bis zu ihrem 35. Lebensjahr erstrecken, bis zu dem Zeitpunkt, an dem der ›Zukünftige‹ auftaucht.«[24]

Die Geschlechtertrennung basiert auf der Vorstellung, daß die sexuelle Begierde unausweichlich ist bei jedem Kontakt zwischen Männern und Frauen, daher wird der Blick einer jungen Frau in die Augen eines Mannes im allgemeinen als Verführung gedeutet. Den Augen und dem Blick der Frauen wird eine starke erotische Macht zugeschrieben: Frauen können mit Blicken dem Mann den Kopf verdrehen. Daher wird von den Frauen erwartet, daß sie, wenn sie mit einem Mann sprechen, stets den Blick senken.

Zum Schluß noch ein Wort zu einem besonderen Problem, das zu Recht die Gemüter immer wieder außerordentlich bewegt, nämlich die Beschneidung von jungen Mädchen im vorpubertären Alter. Diese Sitte hat eine außerordentliche Verbreitung und dürfte weltweit jedes Jahr mehrere Millionen Mädchen aktuell und in der Folge davon in ihrer gesamten weiteren biographischen Entwicklung betreffen. Durch die Beschneidung wird eine Frau nicht nur leiblich verstümmelt, sondern in ihren sexuellen Erfahrungs- und Entwicklungs-

23. Mernissi 1989, S. 195.
24. Kayir 1991, S. 299.

möglichkeiten »coupiert«. Das ist ja auch der Sinn der Sache. Nun wird immer wieder versichert, daß diese Sitte im Islam und spezieller im Koran keine Grundlage finde und daß sie keineswegs allein in islamischen Staaten und Lebensgemeinschaften praktiziert werde. Das ist richtig. Doch harmoniert diese Sitte nur allzugut mit dem grundsätzlichen Mißtrauen gegenüber der weiblichen Sexualität, wie es im Islam herrscht, und wird deshalb durch ihn mitgetragen und legitimiert. Vor allem aber: Es gibt von islamischer Seite fast keine Initiative, diese Sitte einzudämmen oder gar zu verdammen, obgleich auf der internationalen Ebene immer wieder betont wird, daß sie den Menschenrechten widerspricht. Nur in Ägypten ist die Praxis der Beschneidung inzwischen per Gesetz verboten – als einzigem der Länder, in denen diese Sitte traditionell herrscht.

Islamischer Orient und Kolonialgeschichte

Die Entwicklung der Lage islamisch-arabischer Frauen in unserem Jahrhundert müssen wir im Zusammenhang mit der Überwindung des Kolonialismus und der Entstehung eines arabischen Nationalismus sehen. Der arabische Nationalismus ist eine im 19. Jahrhundert entstandene politische Bewegung, die sich die Bildung einer arabischen Nation zum Ziel gesetzt hatte. Dieses Ziel ist Ausdruck des Kampfes gegen Fremdherrschaft, d.h. konkret zunächst gegen das Osmanische Reich und nach dessen Ende (1918) gegen die Kolonialherrschaft europäischer Staaten im Nahen Osten, insbesondere gegen Franzosen und Engländer. Der arabische Nationalismus hat bis heute nicht zu einem Nationalstaat geführt, wohl aber zu einer lokkeren Verbindung von Staaten »arabischer Nation«, nämlich der Arabischen Liga, die 1945 von Irak, Ägypten, Syrien und Jordanien gegründet wurde.

Die ideologische Bedeutung des Nationalismus für die Länder der »Dritten Welt« wurde von Frantz Fanon in einer Theorie der Befreiung herausgearbeitet. Fanon hält die Entwicklung eines nationalen Selbstbewußtseins der ehemaligen Kolonialvölker für unumgänglich. Er schreibt: »Der Kolonialismus ist, seiner Struktur nach, separatistisch und regionalistisch. Er begnügt sich nicht damit, die Existenz von Stämmen festzustellen, er verstärkt ihre Zwietracht, er entzweit sie.«[25] Fanon sieht die koloniale Strategie der Entzweiung als eine wesentliche Voraussetzung für die Fortdauer der kolonialen Herrschaft an. Er betrachtet daher die Nationalbildung als konstitutiv für die Dekolonisation, denn die »Nation ist nicht nur Bedingung der Kultur, ihres Aufschwungs, ihrer ständigen Erneuerung, ihrer Vertiefung. Sie ist auch eine Notwendigkeit. Der Kampf für die nationale Existenz gibt zunächst die Kultur frei, öffnet ihrer Produktion die Türen.«[26] In der ersten Phase der Befreiung und Emanzipation von

25. Fanon 1969, S. 72.
26. Ebd., S. 187.

kolonialer Herrschaft ist die Existenz einer nationalen Einheit für die Gruppensolidarität wesentlich; die Nation ist eine Alternative zur kolonialen Wirklichkeit, sie vereinigt das Volk und mobilisiert es für den notwendigen Aufbauprozeß. Das Nationalbewußtsein ist aus dieser Sicht zwar nötig, aber nur eine der politischen Ordnung untergeordnete und zeitlich befristete Erscheinung. »Die Nation als Herrschaftslegitimität und der Nationalstaat als Ordnungsprinzip enthüllen sich, sobald sie Selbstzweck geworden sind, als Farce. Sinnvoll sind sie nur als Mittel einer Entwicklungspolitik in einem Übergangsstadium«, schreibt der Politikwissenschaftler Bassam Tibi in seinem Buch »Vom Gottesreich zum Nationalstaat«.[27]

Fanon zufolge hat die nationale Frage im Emanzipationsprozeß der Kolonialvölker zwar einen sehr hohen Stellenwert. Die Gefahren eines Nationalismus antizipierend, plädiert er allerdings für die Herstellung eines Nationalbewußtseins ohne Chauvinismus. Der antikolonialistische Widerstand soll das Bodenständige gegenüber dem Fremden betonen, was zu einer Form der Selbstbehauptung, »einer Defensiv-Kultur« führt. Denn der Kolonialismus ist nicht nur ein ökonomisches, sondern auch ein kulturelles System; die ökonomische Durchdringung durch die Kolonialmächte wurde von einer kulturellen Penetration angeführt. Demgegenüber soll das »Nationalbewußtsein« zu einem neuen Selbstbewußtsein der unterdrückten Völker führen.

Der Begriff »Nation« selbst aber ist ein europäisches Konstrukt. Für Rousseau objektiviert sich der »volonté generale«[28] im nationalen Staat, und die nationale Souveränität tritt an die Stelle der dynastischen. Der einzelne geht in der nationalen Gemeinschaft auf. Dies ist aber nur dann akzeptabel, wenn die Gemeinschaft keine totalitäre wird, d.h. also selbst wieder an das Glück des einzelnen gebunden ist. Rousseau beschreibt in seinen »Bekenntnissen« ein anderes Phänomen, das ich »Nation als Gefühl« nennen möchte. Dieses Phäno-

27. Tibi 1987, S. 50.
28. Der volonté generale ist nicht so allgemein, wie er dem Terminus nach erscheint, weil in die allgemeine Willensbildung die Frauen zunächst nicht eingeschlossen waren. Außerdem ist er nicht universalistisch gedacht, weil die Willensbildung sich ja in einem Staate vollzieht, also auf das partikularistische Wohl der jeweiligen Nation gerichtet ist.

men »Nation als Gefühl« enthält allerdings die Gefahr des Chauvinismus, wenn nämlich die Liebe zum Eigenen (also Sprache, Kultur, Gastronomie etc.) umschlägt in ein Überlegenheitsgefühl gegenüber anderen. Während in Europa die Nationbildung Ausdruck der fortschreitenden Emanzipation des Bürgertums ist und der Nationalismus der ideologische Ausdruck sich vollziehender sozialer Prozesse der Nationbildung, »so ist er in den Ländern der ›Dritten Welt‹, wo er einen akkulturativen Charakter hat, die ideelle Antizipation noch zu vollziehender sozialer Umwälzungen. Der Nationalismus entfaltet sich hier, noch ehe eine Nationsbildung stattgefunden hat, noch bevor es einen formal-juristischen Ausdruck der artikulierten Nationalität gibt.«[29] Dieser Nationalismus »diente in der postkolonialen Phase in den einzelnen arabischen Ländern als Ideologie, die über die sozialen Widersprüche und die herrschenden Mißstände hinwegtäuschte«[30]. Die Nationalstaaten in der Dritten Welt haben nämlich durch eine einseitige Anpassung an den Westen nicht die sozioökonomischen Voraussetzungen geschaffen, die notwendig wären für eine von den Industrienationen unabhängige, dem jeweiligen Land angepaßte nationale Wirtschaft.

Die Orientierung am Westen änderte kaum die bestehenden Strukturen der Unterentwicklung. Es wurden westliche Lebensformen übernommen, z. T. westliche Formen von Erziehung und Bildung. Sie blieben aber oberflächlich, weil die grundlegenden Strukturen, also Formen des Wirtschaftens und der Abhängigkeit sich nicht verändert hatten. Ich möchte dies am Beispiel des Irans transparent machen.

Religion und Revolution

Die iranische Sozialstruktur stellt eine Symbiose aus archaischen, feudalen und modifiziert-kapitalistischen Formen dar, die miteinander eine zum Teil spannungsreiche Verbindung eingegangen sind. Dieser Prozeß wurde vorangetrieben von imperialistischen Mächten wie England und USA, die sich allerdings auf gemeinsame Interessen und Kooperation mit dem Schah-Regime stützen konnten. Dies bedeutete

29. Tibi 1987, S. 52.
30. Ebd., S. 166.

für den Iran die Zerstörung der traditionellen Strukturen, aber damit zugleich eine Dynamisierung der Gesellschaft. Die tendenzielle Auflösung traditioneller Kulturen und Produktionsformen ließ soziale Probleme aufbrechen, die nicht mehr im Rahmen des überlieferten Gefüges gelöst werden konnten. Die entstandenen Probleme waren teils Ergebnisse der Kollision verschiedener Produktionsweisen, teils direkte Folgen der industriellen Produktion selbst. Die iranische Revolution richtete sich dann gegen den »Konsumismus« der Coca-Cola-Kultur. Bekämpft wurde in der Anfangsphase die importierte amerikanische »Zivilisation«, die in der Tat die Funktion des Ablenkens von den realen Mißständen hatte. Selbstverständlich kamen nicht einmal alle Städter in den »Genuß« dieses westlichen »Geschenks«, dennoch prägte der kulturelle Standard der Oberschicht auch die Orientierung der breiten städtischen Bevölkerung. Je nachdem, zu welcher Gesellschaftsklasse man/frau gehörte, gebärdete man/frau sich entsprechend »westlerisch« – zu den vorhandenen Klassenunterschieden kam nun auch noch die kulturelle Kluft hinzu. So verdrängte zum Beispiel die westliche Modeindustrie die einheimische Bekleidungsproduktion. Dies hatte zur Folge, daß auch die armen Leute de facto auf westliche Modeprodukte angewiesen waren, obwohl sie sie gar nicht bezahlen konnten, denn einheimische Produkte waren nicht mehr zu haben. Daher wandte sich der Protest der Iraner gegen die westliche Industriegesellschaft.

Der Rückgriff auf eine bodenständige Kultur ist nicht allein im islamischen Orient zu beobachten, sondern ein allgemeines »Dritte-Welt-Phänomen«, denn die Entwicklungslinie, die ich für den Iran beschrieben habe, können wir in fast allen sogenannten Entwicklungsländern konstatieren. Die Machtzunahme der Fundamentalisten innerhalb der staatlichen Strukturen ist u.a. das Ergebnis einer allgemeinen ökonomischen wie auch einer kulturellen Identitätskrise, die aus der beschriebenen Entwicklung resultiert.

Frauen als politische Subjekte

Welche Relevanz hat die oben beschriebene Entwicklung für die Frauen in islamischen Ländern? Für den nationalen Einigungsprozeß und nationale Befreiungsbewegungen ist die Beteiligung der Frauen eine wichtige Voraussetzung. Sie werden in ideologischer, politischer und ökonomischer Hinsicht aktiviert und mobilisiert. »Frauen werden zu einem unterstützenden und legitimierenden Element für das politische System und gleichzeitig Teil des Arbeitskräftepotentials.«[31] An fast allen bürgerlichen und nationalen Bewegungen und Kämpfen für die Befreiung vom Joch der Kolonialherrschaft waren Frauen beteiligt. So ging bei der nationalen Revolution in Ägypten 1919 eine große Anzahl von Frauen auf die Straßen, gleichermaßen aus Ober- wie Unterschicht, verschleiert und unverschleiert, alle im Verlangen nach Unabhängigkeit von den Engländern. Die indischen Frauen haben, von Gandhi mitgerissen, an der Bewegung des passiven Widerstandes teilgenommen; sie nahmen alle Strapazen auf sich in der Hoffnung auf nationale Befreiung. Bereits in den 90er Jahren des vorigen Jahrhunderts beteiligte sich in Persien eine Gruppe verschleierter Frauen an der »Tanbaku-Bewegung«, die sich gegen den Verkauf des Tabakmonopols durch den damaligen Herrscher Naser-din-Schah an einen englischen Kapitalisten richtete. Während der ersten bürgerlichen Revolution 1906-1909, der »konstitutionellen Revolution«, war die Partizipation von Frauen noch stärker.

»Um die zur Kapitulation gegenüber der Erpressung des russischen Zarismus bereiten Parlamentsmitglieder zum Widerstand anzustacheln, drangen 1909 viele verschleierte Frauen nach einem Protestmarsch durch die Straßen Teherans ins Parlamentsgebäude ein und warfen den versammelten Männern ihre Feigheit vor dem Imperialismus vor.«[32]

Als dann die konstitutionelle Revolution sich weiterentwickelte, nahmen diese engagierten Frauen noch aktiver daran teil. Jedoch wurden die Frauen, nachdem die iranische Verfassung wiederhergestellt war, zurück an ihren gesellschaftlich zugewiesenen Platz und in die traditionelle Rolle als Mütter und Hausfrauen gewiesen. Historisch läßt sich konstatieren, daß die politische Beteiligung der Frauen am Prozeß der Nationalstaatsbildung in allen diesen Ländern allmählich geringer und die Verwirklichung der Frauenrechte in eine unbekannte Zukunft verschoben wurde. Die Thematisierung der Frauenrechte diente weder der Realisierung der Frauenemanzipation noch der

31. Cagatay 1991, S. 207.
32. Asaram 1979, S. 48.

Abschaffung der gesellschaftlichen Geschlechterdiskriminierung. Frauen hatten vielmehr die Funktion, politische Bewegungen zu legitimieren – »sie wurden zum Symbol des Strebens nach nationaler Einheit, kultureller Autonomie, von Reformbestrebungen und Entwicklungsschritten. Die Forderung nach Anerkennung gesetzlicher und politischer Rechte von Frauen wurde ein wichtiger Bestandteil in den Bestrebungen um nationale Unabhängigkeit und Einheit.«[33]

Der anti-imperialistische Kampf im Iran war ja auch Ausdruck der Erfahrungen der Ausbeutung, Erniedrigung und Bevormundung durch die Erste Welt und das »Marionettenregime« des Schahs. Er war verbunden mit einer »Rückbesinnung« auf die eigene kulturelle Tradition, und zwar weniger aus einer rational begründbaren Bewertung, sondern vielmehr aus Protest gegen das unterdrückende Fremde. Seit der iranischen Revolution wird hier im Westen immer wieder von »Re-Islamisierung« gesprochen. Die Rede von »Re-Islamisierung« ist allerdings insofern unrichtig, als der Islam in allen betreffenden Ländern bereits vorher als Staatsreligion galt und nirgends negativ sanktioniert wurde. Die iranische Revolution hatte keine religiösen Motive. Weder die Religiosität noch die Gefährdung der Religion waren ihre Ursache. Denn unter der Schah-Herrschaft konnte jeder Iraner und jede Iranerin beten, solange sie wollten; von Einschränkungen des religiösen Lebens konnte keine Rede sein. Daß die Revolution von den Religiösen geführt wurde, ist teilweise dadurch begründet, daß selbst in einer Atmosphäre von politischer Repression und brutaler Verfolgung das religiöse Leben nicht durch den Geheimdienst bzw. den Polizeiapparat unterdrückt werden konnte. Die gleichen Frauen, die in der letzten Phase der Revolution aus Protest gegen das Schah-Regime und als Ausdruck ihrer Verbundenheit mit der protestierenden Mehrheit Schleier trugen, brachten nach der Revolution ihre Opposition gegen eine religiöse Dogmatisierung dessen, was als Mittel des Protests gedacht war, zum Ausdruck. Daran wird deutlich, daß diese Frauen sehr wohl zu unterscheiden wußten zwischen anti-imperialistischem Kulturkampf und religiösem Dogmatismus.

33. Cagatay 1991, S. 203.

Frauenehre – Ehre der Nation

Die »Repolitisierung« des Islams ist mit der Gründung der islamischen Republik Iran konkretisiert worden als Rückgriff auf eine eigenständige, vom Westen unabhängige Kultur. Denn die Schwäche der politisch organisierten Opposition im allgemeinen und die der sozialistischen insbesondere ist einer der Hauptgründe dafür, weshalb die Führung der iranischen Revolution in die Hände der islamischen Fundamentalisten fiel – letztlich ein Resultat der Unfreiheit und der kulturellen Fremdbestimmung. Hier wird die Protestfunktion des Schleiers, die oben dargestellt wurde, nach vollzogener Revolution umgekehrt und gegen die Frauen gerichtet: Was damals Ausdruck politischer Selbstbestimmung war, wird nun zum Symbol der Unterwerfung unter fundamentalistische Herrschaft. Nawal el Saadawi schreibt über die unterschiedlichen Funktionen des Schleiers:

> »Manche Frauen gehen verschleiert, um auf der Straße nicht belästigt zu werden, denn der Schleier verleiht der Frau ein gewisses Prestige, macht sie – in der Öffentlichkeit – unantastbar. Und, vor allem, der Schleier verdeckt die Armut, macht das äußere Erscheinungsbild der Frauen gleich. Aber es gibt auch immer mehr Frauen, die glauben, der Schleier sei ein Ausdruck von Authentizität. Er stünde für islamische Kultur und Tradition. Diese Frauen wollen mit dem Schleier gegen die Verwestlichung protestieren und glauben, es reiche aus, dazu ein Stück Stoff über das Gesicht zu ziehen.«[34]

Eine wachsende Anzahl unzufriedener Menschen wendet sich im vorderen Orient dem politisierten Islam zu, der ihr Sehnen nach kultureller Identität zu erfüllen verspricht. Ihre Anhängerschaft rekrutiert sich aus der kulturell entwurzelten Jugend und den Arbeitslosen; es sind auch die kulturell Entwurzelten, die in westlichen Ländern als Arbeitsimmigranten leben. Die Islamisten schöpfen Stärke aus der kulturellen Identitätskrise und der sozioökonomischen Krise. Naila Minai schreibt in ihrem Buch »Schwester unter dem Halbmond«:

34. Saadawi 1991, S. 36ff.

»Wenn die türkischen Gastarbeiter in Deutschland das Licht des Islam erblikken, nehmen sie mit als erstes ihre Töchter aus den deutschen Schulen, um sie vor den eigenartig fremden Sitten zu schützen, die sie stets gefürchtet hatten.«[35]

Fundamentalisten suggerieren, daß zur Herstellung der kulturellen Identität die Ehre der Frauen – und das ist ihre Verhüllung – notwendig sei, folglich identifizieren sie diese Forderung mit der der moslemischen Gesellschaft, und zwar unabhängig von der jeweiligen historischen oder politischen Situation. Frauen als »Bewahrerinnen der Kultur« (Helie-Lucas) kommt dabei die Aufgabe zu, die Ehre der moslemischen Gemeinschaft zu schützen, indem sie sich verhüllen. Der Schleier, »dieses Kleid der Verachtung«, wie ihn ein persischer Dichter nannte, wird umdefiniert als Kleid der Achtung, als Ausdruck der Authentizität und als Symbol gegen die Verwestlichung. Frauen werden zwangsentschleiert (Türkei 1929 / Iran 1936) und zwangsverschleiert, je nachdem, ob sich diejenigen, die an der Herrschaft sind, als »westlich-modern« oder »bodenständig-nichtentfremdet« gebärden wollen; Frauen werden instrumentalisiert und lassen sich auch instrumentalisieren – aus Angst, die Nation zu verraten. Marie-Aimee Helie-Lucas beschreibt dies für die postrevolutionäre Zeit in Algerien:

»Jede Kritik an den Repressivmaßnahmen, die nach und nach die Rechte der algerischen Frauen einschränkten bis hin zu einer abschließenden Kodifizierung des Familienrechts, das 1984 verabschiedet wurde, gilt als anti-revolutionär, okzidentalisch und dadurch für die arabisch-moslemische Identität als bedrohlich. Die Frauen mußten sich also zwischen zwei Verpflichtungen entscheiden und konnten nicht gleichzeitig ihren eigenen Interessen als Frauen dienen und der Nation angehören, für die sie gekämpft haben.«[36]

Das Beispiel Algeriens hätte die kämpfenden Frauen in der Revolutionsphase im Iran allerdings zu mehr Aufmerksamkeit veranlassen und sie politisch hellhörig machen müssen, denn nach der Unabhängigkeit wurden die Frauen, die sich große Hoffnungen auf die Befreiung als Frauen gemacht hatten, wieder in die traditionelle Frauenrolle zurückgestoßen. Ihre »Verhüllung« steht auch dort mittler-

35. Minai 1984, S. 226ff.
36. Helie-Lucas 1990, S. 28.

weile auf der Tagesordnung. Als die Iranerinnen freiwillig den Schleier als Symbol ihres Kampfes gegen die aggressive Politik des »American way of life« wählten, hätte es sie allerdings stutzig machen müssen,

»daß es ihre männlichen Mitstreiter offenbar nicht für nötig hielten, ihrem Kampf gegen das Regime durch den Rückgriff auf Turban und Kaftan den nötigen Nachdruck zu verleihen«,

schreibt Rosah Asaram.

»Offenbar glaubten sie nicht, daß das Tragen von Jeans und T-Shirts notwendig in einem proimperialistischen Bewußtsein und in einer Verachtung der nationalen religiösen Tradition enden müsse!«[37]

Um sich nicht den Vorwurf des »Verrats an der Nation« machen zu lassen, verfolgen auch die feministischen Forscherinnen in verschiedenen Ländern der »Dritten Welt« die Strategie, innerhalb der Religion zu agieren (so z. B. Fatema Mernissi, Riffat Hassan, Sheenaz Scheikh). Sie alle versuchen, den Koran textkritisch zu lesen und neu auszulegen. Sie alle »spielen zur Zeit eine große Rolle in der Bewußtmachung der Unterschiede zwischen Gott und seinen Geistlichen, zwischen Theorie und Politik«.[38]

Zusammenfassend können wir feststellen, daß der Nationalismus in den arabischen Ländern eine ähnliche Funktion hat wie der Fundamentalismus. Er dient der Rückbesinnung auf die eigenständige Kultur ehemals kolonialabhängiger Länder, der Identitätsfindung und Einheit in der Auseinandersetzung mit den politisch und ökonomisch überlegenen westlichen Industrienationen. Natürlich sind arabischer Nationalismus und Fundamentalismus nicht deckungsgleich in Bezug auf die Länder und politischen Gruppierungen, die sie erfassen. Auch im Hinblick auf die Stellung der Frau und ihre politischen Möglichkeiten sind sie zu unterscheiden. Verglichen mit dem Fundamentalismus wird im arabischen Nationalismus den Frauen eine größere politische Funktion zugemutet, d.h. aber auch ermöglicht (so z. B. zur Zeit in Libyen). Aber selbst wenn hier dem arabischen Nationalismus unter dem Gesichtspunkt von Frauenrechten ein Wert

37. Asaram 1979, S. 51.
38. Helie-Lucas 1990, S. 33.

zugeschrieben werden kann, kann das nur unter Vorbehalt geschehen. Denn es hat sich historisch gezeigt, daß die Zuweisung von politischen Funktionen an Frauen auch eine Art Fremdbestimmung sein kann, die je nach Bedarf gewährt und zurückgenommen wird. Im folgenden wird an den Beispielen Ägypten, Iran und Türkei die historische Entwicklung der Stellung der Frau dargelegt. Diese Darstellungen erheben allerdings keinen Anspruch auf Vollständigkeit und müssen skizzenhaft bleiben.

Frauen in Ägypten

Der Aufbau eines Bildungs- und Erziehungssystems für Frauen war der erste Schritt in Richtung einer Verbesserung der gesellschaftlichen Stellung der Ägypterinnen. Trotz der anfänglichen Proteste konnte unter Muhammad Ali (Muhammad Ali regierte von 1805-1848 in Ägypten) eine Hebammenschule eröffnet werden, die als erste ägyptische Mädchenschule bezeichnet werden kann. Sie war ab 1832 dem Abu Za'bal Krankenhaus angegliedert. Diese Einrichtung wurde allerdings nur von Waisen, ehemaligen Sklavinnen und armen Frauen – alle konnten weder lesen noch schreiben – besucht, denn der Hebammenberuf galt in weiten Bevölkerungskreisen als unrein. Dieser ersten Einrichtung einer Mädchenschule folgte nun die Gründung weiterer staatlicher Schulen, in denen Unterricht in Koran, Arabisch, Handarbeit und Rechnen angeboten wurde. Die ersten Grundschulen wurden 1844 von ausländischen Einrichtungen geschaffen, so z. B. 1844 das Maison du Bob Pasteur in Kairo. 1863 gab es bereits 63 europäische Schulen, davon 45 nach französischem oder englischen Vorbild. Hier wurden vor allem Kinder in Ägypten wohnender Europäer und nichtmuslimischer Ägypter unterrichtet. Es formierte sich ein Kreis von Intellektuellen um Rafi'at Tahtawi (1801-1873) und später Muhammad Abduh (1849-1905), in dem öffentlich über die Frauenfrage diskutiert wurde. Quasim Amin, ein Schüler Abduhs, schrieb 1901 das Buch »Die neue Frau« und 1905 das Buch »Befreiung der Frau« und wurde zu Lebzeiten von den religiösen Führern und Gelehrten der Al-Azhar-Universität stark kritisiert – auch dann, wenn er sich auf den Koran bezog und nicht vom Islam abwich. Er zeigte in seinen Schriften die hohe Stellung der Frau im ursprünglichen Islam. Die Emanzipation der Frau sei eine notwendige und unentbehrliche Voraussetzung für die nationale Entwicklung, und der unverfälschte Islam sehe die Gleichberechtigung zwischen den beiden Geschlechtern vor, schrieb Amin. Die Freiheit der Frauen und ihre Menschenrechte seien wichtige Bestandteile für die Stabilisierung einer Gesellschaft. Quasim Amins Schriften aktivierten Frauen aus der Oberschicht, die nun selbst für die Rechte der Frauen öffentlich Stellung bezogen.

Malak Hifni Nasif (1886-1918), die als »Ruferin in der Wüste« bekannt wurde, schrieb Artikel, in denen sie gleiche Bildungschancen für Frauen, Ehe- und Scheidungsreform und mehr forderte. Ab 1919 entstand eine organisierte bürgerliche Frauenbewegung, geführt von der bekannten Frauenrechtlerin Huda Scharawi (1879-1947). Sie gründete 1823 den Frauenverband »Al-Ittihad an-Nisa'i al-Misri« (Verband ägyptischer Frauen), der neben kulturellen Aktivitäten vor allem auf eine Verbesserung der Mädchenbildung und allgemein der sozialen Lage der Frau hinarbeitete. Huda Scharawi warf ihren Schleier demonstrativ ins Meer, als sie 1923 von der Internationalen Frauenkonferenz in Rom zurückkam, ein Schritt, der einen Skandal auslöste. Die Frauenrechtsunion setzte 1923 ein Gesetz durch, wonach das früheste Heiratsalter für Frauen auf sechzehn festgelegt wurde. Sie forderte Frauen auf, sich gegen Polygamie zu schützen, indem sie im Ehevertrag eine weitere Heirat ihres Mannes an Sonderbedingungen knüpften. Huda Scharawi gründete 1925 die Zeitschrift »L'Egyptienne«, die in französischer Sprache erschien, um mit internationalen Frauenverbänden im Austausch zu bleiben. In der Redaktion arbeitete Ceza Nabarawi, eine Weggefährtin Scharawis bei der Entschleierungszeremonie. »Al-Masria« (Die Ägypterin) konnte erst zwölf Jahre später in arabischer Sprache erscheinen. Alle diese Frauen beriefen sich auf Chadischa, Aichas und Fatima (Frauen und Tochter Mohammeds), um sich zu ihren islamischen Wurzeln zu bekennen.

1956 wurde das aktive und passive Wahlrecht für Frauen eingeführt. Eine Liberalisierung des Ehe- und Scheidungsrechts konnte erst 1979 durchgesetzt werden.

Frauen im Iran

Auch im Iran ging die Frage der Frauenbefreiung einher mit der Frage der Schulbildung für Mädchen. Zwar waren es hier auch wie in Ägypten nur Stimmen aus der privilegierten städtischen Oberschicht, die eine Schulbildung für Mädchen forderten, denn für die breite Masse der Landbevölkerung hatten die alltägliche Lebensbewältigung und der Kampf gegen die Armut die Priorität. Als 1898 in Isfahan eine Kommission für öffentlichen Unterricht für die Jungen gebildet wurde, wagten es einige Mitglieder, der Kommission vorzuschlagen, auch eine Mädchenschule zu eröffnen, was aber von der Mehrheit abgelehnt wurde.

»Darauf schrieb einer der Befürworter der Mädchenbildung für ein Lesebuch der Primarschule eine kleine Geschichte, die große Erregung hervorrief. Ein Schulbub, Ali Mohammad, kommt aus der Schule heim und erzählt seinem Vater von seinen Fortschritten und seiner Versetzung in die nächste Klasse. Als seine kleine Schwester Melik dies hört, sagt sie: ›Ach, wenn doch auch wir eine Schule haben könnten‹. Als die Mullas diese anscheinend harmlose Geschichte in dem Schulbuch fanden, sorgten sie für eine gewaltige Aufregung; die Extremisten gingen so weit, daß sie rieten, dem Verfasser die rechte Hand abzuschneiden. Es geschah aber gar nichts – außer daß die Idee langsam Wurzel faßte.«[39]

Dies passierte in einem Land, in dem es Sprichwörter gibt wie: »Notfalls bis nach China reisen, um sich zu bilden« oder »Suche Bildung: von der Wiege bis zum Grab«. Die Lehren des Koran stehen hier im krassen Gegensatz zur gelebten Religion.

Die ersten Privatschulen für Mädchen wurden auf Initiative zweier Frauen gegründet; es waren Sadigeh Khanum Daulatabadi und Khanum Azamodeh. Frau Daulatabadi rief in Isfahan die erste Mädchenschule in Iran ins Leben. Khanum Azamodeh begann ihre Schule in ihrem eigenen Hause mit zwanzig kleinen Mädchen aus ihrer Verwandtschaft, die sie im Schutze des »*Andarun*« um sich sammelte.[40]

39. Woodsmall 1938, S. 170.
40. In den Häusern wohlhabender Iraner gab es einen Teil des Innenhofs, nach außen hin gelegen, der Birun hieß, und einen weiter von der Straße entfernten Teil für die Frauen, der Andarun hieß.

Auf dem Gebiet der Mädchenbildung war das ein bahnbrechender Versuch, dem bald viele andere Privatschulen folgten. 1914 gab es bereits sechzig Mädchenschulen mit privater Leitung.

Auch die politischen Partizipationen der iranischen Frauen an den Befreiungsbewegungen sowohl bei der Tabak-Bewegung (1891) wie auch bei der konstitutionellen Revolution (1906-1909) blieben nicht ohne Auswirkungen. Einerseits wurde gesamtgesellschaftlich ein Bewußtsein für das Potential der Frauen in der Gesellschaft geschaffen und andererseits ein Selbstbewußtsein bei den Frauen selbst. So wurden die ersten Schritte zum Aufbau eines Bildungs- und Erziehungssystems eingeleitet, der für die iranischen Mädchen der Anfang einer Verbesserung ihrer gesellschaftlichen Stellung wurde.

1935/36 durften dann nur Mädchen, die unverschleiert erschienen, ein Zeugnis oder eine Auszeichnung der Schule erhalten. Als die Privatschulen unter staatliche Aufsicht kamen, wurden Schulinspektorinnen angestellt, weil kein männlicher Besuch in der Schule zugelassen war. 1941 wurde der Iran durch die Alliierten okkupiert und Reza Schah zum Rücktritt gezwungen. Nun trug die Mehrheit der zwangsentschleierten Frauen freiwillig oder auch unter dem Druck ihrer Väter oder Ehemänner den Tschador. Die Mullas sahen nun die Zeit gekommen, die Verschleierung zur Norm zu machen, und organisierten mit den konservativen Bazaris Boykottaktionen gegen unverschleierte Frauen in den Bazars von Teheran.

Die durch den Sohn des zurückgetretenen Reza Schah, Mohammad Reza Schah, ins Leben gerufene »Weiße Revolution« (1963-1978), die eine Art kultureller »Verwestlichungspolitik« darstellte, brachte nur geringe Veränderungen in den unteren Schichten und im traditionellen Kleinbürgertum der Bazaris.

Unter dem Schah-Regime wurde auch das Monopol der Geistlichkeit im Rechts- und Bildungswesen gebrochen, und die neuen staatlichen Gesetze differierten teilweise stark von der »islamischen Tradition«. Die in den 20er und 30er Jahren durchgeführte Strafrechtsreform ersetzte die Scharia und war orientiert am französischen Strafrecht. Die Mullas, die unter der Säkularisierungspolitik des Mohammad Reza Schah ihre Macht eingebüßt hatten, kritisierten diese Reformen und lehnten sie als unislamisch und dekadent ab.

Frauen in der Türkei

Die Tanzimat-Reformen (1839-1879) brachten in der Türkei unter anderem den Impuls in den privilegierten Schichten mit sich, ausländische Gouvernanten in die Harems zu bringen, um zu Hause eine Bildung zu erhalten. Die Tanzimat-Reformen wurden 1839 auf der Grundlage des Code Napoleon[41] eingeleitet. Es wurden neue Straf- und Handelsgesetze erlassen und Verordnungen über die Gleichheit aller Untertanen. Diese Reformen tangierten den Status der Frauen nicht explizit, entfachten aber in intellektuellen Kreisen die Diskussion über die gesellschaftliche Stellung der Türkinnen. In vielen Veröffentlichungen wurde für Frauen das Recht auf Schulbesuch eingeklagt. In seinem Buch »Islamiyette Feminism« (»Feminismus im Islam«) forderte Halil Hamit 1910 das Wahlrecht für Frauen. 1915 setzte sich Celal Nuri in seinem Buch »Kadinalarimiz« (»Unsere Frauen«) für die Abschaffung der Polygamie ein. Die Gleichberechtigung der Frau sei die Voraussetzung für den Fortschritt in der islamischen Welt, und die Schulbildung sei die erste Voraussetzung für die Gleichberechtigung. Zwar wurden 1858 die ersten Mittelschulen für Mädchen eröffnet. Die ersten ernsthaften Schritte, mehr als Elementarerziehung für Mädchen zu verwirklichen, wurden aber erst 1913 unternommen, als Bayan Nakiye Elgün eine Koedukationsschule einrichtete.

Fatma Aliye, eine Schriftstellerin, sorgte mit ihrem 1892 erschienenen Buch »Islamische Frauen« und mit der von ihr 1895 herausgegebenen Zeitung für Damen (»Hanimlara mahsus gazete«) dafür, daß Frauenthemen immer präsent blieben. Die Forderung nach einer Ausbildung für Frauen und ihrer gesellschaftlichen Partizipation wurden immer im Kontext des Islam gestellt. Der Islam sei falsch gedeutet worden, um Frauen um ihre Rechte zu bringen. Halide Edib, auch eine Schriftstellerin, schloß sich der Nationalistenbewegung an, die sich bei Ausgang des Ersten Weltkrieges zum Widerstand gegen die Kapitulation vor den Alliierten formiert hatte.

Naila Minai schreibt in ihrem Buch »Schwestern unterm Halbmond« bezeichnend:

41. »Code Napoleon« heißt das französische Zivilgesetzbuch von 1804, das trotz vieler Änderungen bis heute in Frankreich gültig ist.

»Im ganzen Bereich des Nahen Ostens und Nordafrikas begann die Befreiung der Frauen mit der Teilnahme am Kampf um die Unabhängigkeit ihrer Nation, bei dem sie zum ersten Mal in der neueren Geschichte aus ihrer häuslichen Rolle herausgetreten waren. Nach diesem Vorgeschmack auf die große weite Welt wollten sie mehr davon haben, doch stellten sich ihnen hier erhebliche Hindernisse entgegen. Die Geschlechtertrennung, die ihre Ausbildungs- und Berufsmöglichkeiten jahrhundertelang eingeschränkt hatte, konnte solange nicht vollständig aufgehoben werden, als die weibliche Tugend an der Einhaltung dieser Praxis gemessen wurde (...).«[42]

1923 rief Mustafa Kemal Atatürk die Türkische Republik aus und leitete zum ersten Mal in der islamischen Welt die Säkularisierung ein. Nicht mehr die Scharia, sondern ein bürgerliches Gesetzbuch, orientiert an der Schweiz, fungierte von da an als Staatsgesetz. Die Abschaffung der Polygamie, die Festlegung eines Mindestalters bei der Eheschließung, das gleiche Recht für Scheidung und das gleiche Sorgerecht für die Kinder. Atatürk führte auch 1934 das aktive und passive Wahlrecht für Frauen ein. Noch brauchte es Jahre der Überzeugungsarbeit, bis schließlich 1936 das Tragen des Schleiers verboten wurde. Ruth Woodsmall schreibt 1938 in ihrem Buch »Der Aufstieg der mohammedanischen Frau«:

»Die Entschleierung der türkischen Frau wird oft gedeutet als eine drastische soziale Revolution auf Befehl von oben. Dem war nicht so. Die Beseitigung des Schleiers vollzog sich in einem Entwicklungsprozeß, der 1909 einsetzte, als türkische Frauen zuerst den Schleier fortzulassen begannen. Während des Weltkrieges führte die Notwendigkeit die Frauen in verschiedene Zweige öffentlicher Arbeit, was die Befreiung vom Schleier nötig machte (...).«[43]

Die Verschleierung und Entschleierung der Frauen war auch in der Türkei vor allem ein Problem der städtischen Frauen. Denn auf dem Lande haben die Landfrauen wegen ihrer Feldarbeit keine Schleier getragen, zumal sie durch ihre Trachten auch nach der Scharia schon züchtig genug bekleidet waren.

Diese aufgeführten Beispiele sollen veranschaulichen, daß, historisch betrachtet, die Wandlung der Stellung der Frauen immer einherging mit einer Wandlung der Gesellschaft insgesamt. Die Problematisie-

42. Minai 1984, S. 72.
43. Woodsmall 1938, S. 56f.

rung der Frauenfrage war stets eingebettet in den islamischen Kontext. Diejenigen Frauen wie Huda Scharawi und andere, die sich für mehr Rechte der Frauen einsetzten, agierten auch innerhalb des Islams und versuchten, den Koran auf seine frauenfreundlichen Suren hin zu untersuchen und die Mißdeutungen oder auch das Heranziehen der frauenfeindlichen Suren auf patriarchalen Mißbrauch zurückzuführen. Die Emanzipation der Frauen sollte sich mit dem Islam und nicht gegen den Islam vollziehen.

Die drei beispielhaft ausgewählten Länder zeigen eine durchaus verschiedene historische Entwicklung, und auch ihre gegenwärtige gesellschaftliche, politische und wirtschaftliche Situation wie auch ihre Einbindung in internationale Beziehungen unterscheiden sich deutlich. In allen drei Ländern gewinnen aber in der jüngsten Zeit fundamentalistische Kräfte an Boden. Im Rückblick kann man allerdings auch eine gewisse Verwandtschaft in den historischen Entwicklungen feststellen. Diese betreffen sowohl die Tendenzen zu einer Verwestlichung wie auch die späteren Reaktionen darauf. Bei all diesen Ländern fing die Entwicklung für Frauen im Bereich der Bildung an. Das hatte zunächst keine politischen Auswirkungen und sollte auch keine haben. Gleichwohl wurden hier Bedürfnisse geweckt und die Urteilsfähigkeit gestärkt, was natürlich den Boden für Reformen auch im sozialen Bereich bereitete. Der nächste Schritt waren dann Reformen im rechtlichen Bereich, insbesondere im Familienrecht. Diese waren allerdings bereits eingebettet in allgemeinere politische Reformen, die sich nun explizit am Westen orientierten. Schließlich brachten die politischen Reformen auch eine rechtliche Gleichstellung und das Wahlrecht für die Frauen. Verhängnisvoll an dieser Entwicklung war, daß sie zum großen Teil nicht Ergebnis eines Prozesses war, der aus Impulsen und Ideen der betroffenen Länder selbst entstand. Vielmehr waren viele Reformen ein Import westlicher Strukturen beziehungsweise der Versuch, an wirtschaftliche und politische Entwicklungen des Westens Anschluß zu gewinnen. Das führte zu politischen Abwehrreaktionen, im Zuge derer auch die Errungenschaften zur Verbesserung der Situation der Frauen wieder in Frage gestellt wurden. Kurz gesagt: Die Frau in einer traditionellen Rolle zu halten bzw. in diese zurückzudrängen wurde in manchen islamischen Ländern zum Symbol der Eigenständigkeit islamischer Kultur und Gesellschaft.

Eine junge Türkin (18jährig), Schriftführerin eines „Frauenvereins zur Ausbildung türkischer Mädchen“; so wie sie unterhalb des Schleiers gekleidet ist.

Islamischer Orient heute – Iran, Ägypten, Türkei

Das vorausgehende Kapitel schloß implizit mit der Frage, ob eigentlich die politische, gesellschaftliche und wirtschaftliche Eigenständigkeit islamischer Länder an die traditionellen Vorstellungen von Tugend und Ehre der Frauen gebunden sei. Diese inhaltliche Verknüpfung ist ja keineswegs von vornherein vorgegeben. Allerdings wird, wo der Islam Staatsreligion ist und eng mit den politischen Verhältnissen verflochten, die Situation der Frauen durch diese Einheit von Politik und Religion aufs stärkste betroffen. Da aber in den drei Ländern, die ich als Beispiel ausgewählt habe, die politische Bedeutung des Islam keineswegs überall durchgreifend ist, stellen sich die Verhältnisse auch für die Gegenwart unterschiedlich dar.

Frauen im Iran heute

Iranische Frauen werden von den westlichen Medien als typisches Beispiel für islamische Frauen insgesamt betrachtet. Das liegt daran, daß im Iran der Islam explizit und mit politischen Mitteln zu einer Ordnungsmacht erhoben worden ist, die das gesamte gesellschaftliche und persönliche Leben regelt. Iranische Frauen gelten deshalb als *die* islamischen Frauen schlechthin. An dieser Stelle ist eine Warnung angebracht, diesem Gerücht Glauben zu schenken. Erstens: Der Islam hat vielfältige Ausprägungen. Zweitens: Die Situation der persischen Frauen ist nicht nur durch den Islam geprägt, sondern auch durch die historische und gesellschaftliche Entwicklung. Als erstes muß daran erinnert werden, daß die Bevölkerung des Irans kein einheitliches Volk ist, sondern von Persern, Kurden, Bachtiaris, Luren, Asaries und Ghaschghais gebildet wird. Dadurch erhält der Islam selbst ein vielfältiges Gesicht. Ferner ist an die Differenzierung von Stadt und Land sowie an die unterschiedliche Integration von Frauen im Arbeitsleben zu denken. Schließlich spielt der Unterschied von Öffentlichkeit und privatem Leben eine entscheidende Rolle. Die

Einheitlichkeit des Erscheinungsbildes der iranischen Frau, wie sie uns von den Medien präsentiert wird, bezieht sich ausschließlich auf das Auftreten der Frau *in der Öffentlichkeit*. Wenn man Familienfotos danebenhalten würde, sähe die Situation schon ganz anders aus. Am allerwichtigsten aber scheint mir das historische Bewußtsein der Frauen zu sein. Die heute erwachsenen Frauen haben zu ihren Lebzeiten eben auch schon andere Verhältnisse kennengelernt. Aus dieser Vielfalt von Orientierungsmöglichkeiten erwachsen doch manche erstaunliche Entwicklungen, die die Zukunft nicht als ein einheitliches Grau in Grau erscheinen lassen. So gibt es selbst im heutigen Iran unter der Diktatur der Mullas eine interne Diskussion innerhalb der Frauen. Zum Beispiel wird in der Frauenzeitschrift »Sanne Roos« (Die heutige Frau) über Themen wie »Entwicklung und Rückständigkeit der Frauen« oder »Sind Frauenrechte ein politischer Diskussionsgegenstand?« diskutiert und über das Patriarchat mit seinen geschlechtsspezifischen Ungerechtigkeiten geschrieben und aufgeklärt.

Unter dem Schah-Regime wurde auch das Monopol der Geistlichkeit über das Rechts- und Bildungswesen gebrochen. Die neuen staatlichen Gesetze unterschieden sich teilweise stark von der »islamischen Tradition«. Die in den 20er und 30er Jahren eingeführte Strafrechtsreform ersetzte die Scharia-Gesetze. Sie war orientiert am französischen Strafrecht. Die Mullas, die unter der Säkularisierungspolitik des Schahs ihre Macht eingebüßt hatten, kritisierten diese Reformen und lehnten sie als unislamisch und dekadent ab. Die Kritik am Schah-Regime von seiten der Geistlichkeit war eine Kulturkritik und richtete sich hauptsächlich gegen die »Entislamisierungsprozesse« seiner Politik und weniger gegen die praktizierten despotischen Herrschaftsmethoden des Apparats. Das heißt, daß Chomeinis Anliegen weniger ein Gottesstaat war mit mehr Demokratie und gerechteren sozioökonomischen Strukturen als vielmehr die Islamisierung aller Lebensbereiche per Gesetz für die gesamte Bevölkerung.

Der in den 60er Jahren von Chomeini geführte Kampf gegen das Schah-Regime entzündete sich an den den Frauen gewährten Rechten, nämlich am passiven und aktiven Wahlrecht und an der Tätigkeit der Frauen im Rechtswesen. 1967 war ein Gesetz verabschiedet worden, durch das sich die rechtliche Stellung der Frau in der Ehe bezüglich der Scheidung und der Polygamie verbesserte. Das Gesetz gab den Frauen die Möglichkeit, sich scheiden zu lassen. Der Ehemann konnte die Frau nicht mehr jederzeit verstoßen. Das Sorgerecht für die Kinder wurde nicht mehr ohne richterliches Verfahren geregelt. Wenn die Mutter in der Lage war, das Kind zu erziehen, bekam sie es auch zugesprochen. Wenn der Ehemann eine zweite Frau heiraten wollte, konnte er dies nur noch mit Erlaubnis der ersten Frau. Das Familiengesetz von 1967 bedeutet für die Gleichberechtigung der Frau viel, auch wenn diese Umwälzungen faktisch vor allem den städtischen Frauen zugute kamen.

1979 wurde durch die islamische Republik die Familienrechtsreform von 1967 außer Kraft gesetzt, und Chomeini erklärte das Gesetz für unvereinbar mit dem Islam. Die Veränderungen der Situation der Frauen seit der Einführung der »Scharia« als staatliches Recht betreffen vor allem drei Hauptpunkte: Entlassung aller weiblichen Richter, Verbot von Abtreibung und Verbot von gemeinsamem Sport mit Männern.

»Seit der Revolution dürfen die jungen Iranerinnen Fächer wie Landwirtschaft, Tiermedizin und Chemie nicht studieren, da diese ausschließlich für junge Iraner bestimmt sind. Auch ein Jura-Studium kommt für eine Perserin in seltenen Fällen in Frage. Der Grund: Eine Richterin darf es in einer islamischen Gesellschaft nicht geben«,

schreibt Touradj Rahnema.[44] Darüber hinaus gibt es noch viele andere Bereiche, zu denen den Frauen der Zutritt verwehrt oder zumindest doch erheblich erschwert ist.

1979 wurde das »Tribunal zum Kampf gegen die Sünde« gegründet, das es sich zur Aufgabe machte, für eine islamische Moral und deren Einhaltung zu sorgen. So beschloß 1981 der damalige Vorsitzende des Tribunals, daß Mädchen und Frauen, die sich nicht islamisch kleideten, keinen Zugang zu öffentlichen Plätzen bekommen. Ferner, daß die Geschlechtertrennung auch beim Einkaufen in den Läden gewährleistet sein muß.

Mit dem bisher Gesagten habe ich die Entwicklung der Situation der Frauen im Iran bis in die Gegenwart vorgestellt. Man kann rückblickend feststellen, daß es keine geradlinige Entwicklung war, sondern ein Auf und Ab, insbesondere, wenn wir diese Entwicklung nach

44. Rahnema 1986, S. 11.

europäischen Vorstellungen von Emanzipation beurteilen. Aber nicht dieses Urteil sollte entscheidend sein, sondern die Frage, wie sich die Frauen in ihrer Entwicklung selbst gefühlt haben und welche Erfahrungen sie gemacht haben. Selbst unter diesem Aspekt betrachtet stellt sich die Lage so dar, daß die Fortschritte in der Erweiterung der Frauenrechte von außen kamen. In jüngster Vergangenheit wurden sie von einem auf Modernisierung bedachten Schah angeordnet. Wenn man diesen Umstand ins Auge faßt, stellt sich die Frage, ob es denn eine eigenständige Frauenbewegung der iranischen Frauen gegeben hat oder gibt. Dies ist ein Thema, über das noch weitere Forschungen nötig wären.

Erika Friedl, die in den letzten zwanzig Jahren mit Unterbrechungen insgesamt fünf Jahre in einem Dorf im Iran lebte, schreibt in ihrem Buch »Die Frauen von Deh Koh«:

»Fast alles, was wir über Frauen im Iran hören, kommt von iranischen Männern, die am Beispiel der Dorfbevölkerung ihren eigenen politischen Standpunkt zur Verteidigung der Revolution oder zur Kritik an den Exilanten klarmachen wollen, oder von gebildeten, westlich orientierten Frauen der Mittelschicht. Wie wohl die meisten Städter, sehen auch diese Frauen mit einer Mischung aus Ablehnung und Mitleid auf ihre Schwestern aus dem Dorf herab und benutzen Stereotypen, die so alt sind wie die Dörfer selbst: Ihrer Meinung nach sind Frauen aus dem Dorf (und das ist bei weitem die Mehrzahl aller iranischen Frauen) schmutzig, dumm, unterdrückt, abergläubisch und dringend aufklärungsbedürftig (...). Obwohl Männer und Frauen sich gegenseitig beeinflussen, agieren sie nicht zusammen. Männer schaffen den Rahmen für eine Rangordnung und die wirtschaftlichen Verflechtungen und haben die häusliche, rechtliche und ausführende Gewalt. Er läßt den Frauen jedoch genügend Handlungsspielraum (...). Im täglichen Leben aber sind es eher die Frauen selbst, die sich gegenseitig Grenzen setzen. Deshalb sind Frauen bei der Gestaltung des täglichen Lebens, das sich aus unzähligen angenehmen und unangenehmen Einzelheiten zusammensetzt, wichtiger als Männer.«[45]

Die Lebenswelt und der Alltag der Frauen auf dem Lande war und ist mehr geprägt von der Macht des Patriarchats, von Armut und Härte – sowohl unter der Schah-Herrschaft wie auch jetzt unter der Herrschaft der Mullas. Der Segen der Ölmilliarden ist immer an ihnen vorbeigegangen. Unter dem Schah-Regime flossen die

45. Friedl, 1991, S. 9.11.

Milliardeneinnahmen durch Erdöl in Prestige- und Schauprojekte, unter der Mulla-Herrschaft in militärische Aufrüstung und andere Aktivitäten. Die Männer haben auch in den Jahren vor der Etablierung der islamischen Republik ihre Macht über die Frauen durch ihre Rolle als Ernährer legitimiert. Fast alle Dorffrauen haben weder unter dem »Entschleierungszwang« 1936 noch unter dem »Verschleierungszwang« 1979 gelitten; sie trugen ja immer ihre Landestracht, und bei der Arbeit auf dem Feld störte der Schleier. Das Schleiertragen war und ist für die Frauen in den Städten ein Diskussionsthema. Auch unter dem Schah-Regime trugen viele Frauen den Schleier einfach aus Tradition, aus Bequemlichkeitsgründen oder auch aus Armutsgründen. Erst seit der islamischen Republik spitzte sich die Ideologisierung des Schleiers zu: Der Schleier wurde zum Politikum. Es waren die Intellektuellen und die Studentinnen, die 1979 demonstrativ in schwarzen, verhüllenden Gewändern auf die Straße gingen, um gegen die Verwestlichung ein Zeichen zu setzen. Es waren diese Bilder, die in Westeuropa immer wieder durch die Medien gegangen sind. Für die Frauen, die schon immer den Schleier trugen, war es eher eine Gewohnheit und kein Zeichen des politischen Protestes.

Die vom Staat verhängte islamische Kleiderordnung ist tragischerweise genau für diejenigen Frauen zum Problem geworden, die den Schleier in den Revolutionsjahren freiwillig trugen.

Frauen in Ägypten heute

Nach dem Gesetz hat die ägyptische Frau in der Politik und in der Gesellschaft die gleichen Rechte wie der Mann. Die Verfassung vom 11.9.1971 verlangt in Artikel 40, daß alle Bürger vor dem Gesetz gleich seien und »gleiche öffentliche Rechte und Pflichten ohne Unterschied ihres Geschlechts, ihrer Rasse, ihrer Sprache, ihrer Religion oder ihres Glaubensbekenntnisses« haben sollen. Artikel 11 schränkt allerdings die Rechte der Frau insofern ein, als er »Gleichheit mit dem Manne auf den Gebieten des politischen, sozialen, kulturellen und wirtschaftlichen Lebens« nur zusichert, wenn keine »Verletzung der Regeln der islamischen Scharia« damit einhergeht. Das heißt, daß im Personen-, Familien- und zum Teil im Erbrecht das islamische Recht der hanefitischen Schule mit Scheidungsmöglichkeiten auch für die Frau gilt. Die geistliche Gerichtsbarkeit wurde 1956 beseitigt.[46]

Nawal el Saadawi, ägyptische Ärztin und Frauenrechtlerin, schreibt in ihrem Buch »Tschador«:

»Betrachten wir nun die gesetzlichen Bestimmungen, die festlegen, wann eine Frau sich gerichtlich von ihrem Ehemann scheiden lassen darf, so zeigt sich mit einem Mal, wie eng und strikt die Rechtsvorschriften sein können. Nur in eng umgrenzten Fällen kann eine solche Scheidung ausgesprochen werden.«[47]

Sie schreibt, daß die Bestimmung des Ehe- und Scheidungsrechts, die sich auf das Prinzip des *Beit El Ta'a* (»häuslicher Gehorsam«) bezieht, das auch in Ägypten herrscht, nicht auf dem Islam beruhe.

»Der Prophet hat wiederholt erklärt, eine Frau dürfe nicht gezwungen werden, mit einem Mann zu leben, den sie haßt und ablehnt; er hat auch zu verschiedenen Gelegenheiten betont, die Frau solle von vornherein das Recht haben, ihren Ehegatten selbst zu wählen. Nach dem Islam steht ihr auch zu, den Ehevertrag aufzulösen, wenn sie ihn nur unter Zwang geschlossen hatte oder im Rahmen der Heiratsabmachungen betrogen wurde.«[48]

Ägypten war wie viele arabische Staaten, die von Modernisten regiert wurden, stets um eine Schulbildung für Mädchen bemüht. Bereits 1927 war es für Frauen möglich, an der Universität zu studieren. Von den Reformen zur Gleichheit der Bildungschancen der beiden Geschlechter hatten in fast allen arabischen Ländern die Frauen in den Städten einen Vorteil. Auf dem Lande sah und sieht das anders aus; trotz der in Ägypten wie in vielen anderen arabischen Staaten eingeführten Schulpflicht (die allerdings in den ländlichen Gebieten kaum durchgesetzt wird) werden viele Mädchen nach kurzer Zeit von ihren Familien wieder aus der Schule entfernt. Die traditionellen Auffassungen vom guten Ruf eines Mädchens oder gar von der allgegenwärtigen Gefährdung seiner Virginität führen dazu, daß Mäd-

46. Verfassung der arabischen Republik Ägypten vom 11. Sept. 1971, in: Orient 5/6 (1972), S. 209ff.
47. Saadawi, S. 174.
48. Ebd., S. 174.

chen beim Erreichen des Pubertätsalters von der Schule genommen werden. Berufsausbildung für Mädchen findet überwiegend in traditionellen Frauenberufen statt. So werden sie z. B. für Sekretariats- und Schreibarbeit, als Krankenschwestern und Hebammen etc., höchstens als Lehrerinnen ausgebildet. Sie arbeiten in der Textil- und Bekleidungsindustrie oder in der Lebensmittel- und Tabakindustrie.

Das Wahlrecht für Frauen ist seit 1956 in der ägyptischen Verfassung verankert, allerdings mit einer Ausnahmeregelung, die das ganze ad absurdum führt. Es gibt dort die Möglichkeit, einen männlichen Verwandten stellvertretend für sich wählen zu lassen. Durch diese Wahlregelung wird der Einfluß der Frauen in der Politik freilich in engen Grenzen gehalten und dem Mann quasi auch die Verfügungsgewalt über die Frauenstimme in der Politik verliehen.

In Ägypten wird, trotz eines gesetzlichen Verbots vom April 1959, bei den Mädchen im Alter von sieben oder acht Jahren die Beschneidung vollzogen. Der Ursprung der Mädchenbeschneidung ist in vorislamischer und vorchristlicher Zeit zu suchen (Herodot berichtete bereits 700 v.Chr. über Beschneidung der Frauen). Die Beschneidung der Mädchen soll ihr sexuelles Verlangen dämpfen, damit es ihnen leichter falle, ihre Jungfräulichkeit zu bewahren. Nawal el Saadawi beschreibt als Ergebnis ihrer Forschungsarbeit, daß es außer Zweifel stehe,

> »daß die Beschneidung eine schwere Erschütterung in der psychischen und sexuellen Entwicklung junger Mädchen bedeutet. Je nach der Konstitution und den Lebensumständen einer Frau kann dieser Schock in unterschiedlich starkem Maße zur sexuellen Frigidität führen.«[49]

Immer mehr Eltern aus den gebildeten Familien verzichten allmählich darauf, die Beschneidung an ihren Töchtern vollziehen zu lassen. Allerdings ist die Beschneidung bei der Mehrheit der Bevölkerung eine gängige Praxis, obwohl nirgends im Koran von einer Beschneidung die Rede ist.

In Ägypten ist das Mindestheiratsalter für Mädchen gesetzlich auf 16 Jahre festgelegt. Dennoch kommt es häufig vor, daß Mädchen im Alter von 12 bis 15 Jahren verheiratet werden – je nachdem welcher

49. Saadawi 1980, S. 43.

sozialen Schicht sie angehören oder welche Bildung sie genossen haben bzw. ob sie dem städtischen oder ländlichen Milieu entstammen. Auch in Ägypten wird wie in fast allen anderen islamisch-arabischen Ländern die Heirat von den Eltern arrangiert.

Saadawi vertritt die Auffassung, daß nicht der Islam daran schuld sei,

»daß die Frauen in diesen Gesellschaften einen so niedrigen Status haben und in so geringem Maße am Fortschritt teilhaben dürfen, sondern vielmehr bestimmte wirtschaftliche und politische Kräfte: der von außen her einwirkende Imperialismus fremder Mächte und die im Innern bestimmenden reaktionären herrschenden Schichten. Diese beiden Kräfte arbeiten Hand in Hand und bewirken jene Falschinterpretationen der Religion, die es erst möglich machen, sie als Mittel der Einschüchterung, Unterdrückung und Ausbeutung nutzen zu können.«[50]

Frauen in der Türkei heute

Die gesellschaftliche Stellung der Frauen in der Türkei muß im Kontext der allgemeinen gesellschaftlichen Veränderungen gesehen werden. Die Türkei ist eine der wenigen islamischen Gesellschaften, die eine eindeutige und klare Trennung zwischen Religion und Politik vollzogen haben.

Was die Stellung der Frau in der Gesellschaft anbelangt, muß auch hier differenziert werden nach Schichtzugehörigkeit, Bildungsstand und zwischen Stadt und Land.

In den ländlichen Gebieten herrschen auch heute noch traditionelle patriarchalische Strukturen, die die Stellung der Frau auch innerhalb der Familie bestimmen und den sozialen Status der Frau niedrig halten. Die soziale Kontrolle durch die Dorfgemeinschaft ist stark. Die traditionellen patriarchalischen Gechlechterbeziehungen existieren weiterhin – das heißt, daß Frauen nur in einem Bereich – nämlich im häuslichen – das Sagen haben. In ländlichen Gebieten sind Frauen viel mehr auf die Beziehungen zu den anderen Frauen angewiesen als in den Städten. Gegenseitige Hilfe und Unterstützung – zum Beispiel beim Brotbacken – gehören zum Alltag.

50. Ebd., S. 46.

Allerdings veränderte sich auch auf dem Lande im Zuge der Modernisierung der Landwirtschaft beziehungsweise durch die Abwanderung in die Städte vieles. Die Dorfbewohner stellten die Mehrzahl der Arbeitswilligen, die dann in den 60er Jahren nach Deutschland kamen. Die Migration veränderte die Geschlechterbeziehungen und die soziale Stellung der Frau im Dorf.

In den Städten gibt es sowohl westlich orientierte Gruppierungen wie auch traditionell-konservativ orientierte, nämlich die der Zuwanderer vom Lande. Allerdings gibt es in der Türkei viele Rechte für die Frauen – Rechte, die in der Verfassung festgeschrieben sind.

Daß Rechte der Frauen gesetzlich verankert sind, heißt aber nicht, daß die Frauen auch real zu ihren Rechten kommen. Zum Beispiel ist nach § 237 des türkischen StGB eine Mehrehe verboten und steht unter Strafe. Auf dem Lande gibt es aber ungeachtet dessen doch Männer, die trotzdem eine zweite Frau heiraten.

Ein großer Teil der Großstadtbewohnerinnen ist berufstätig, die meisten in traditionell weiblichen Berufen wie z. B. Lehrerin, Krankenschwester oder Textilarbeiterin. Hinzu kommt, daß der Mangel an staatlichen Fürsorgemaßnahmen den Frauen die Verantwortlichkeit für Kinder, Alte und Kranke überläßt. Deniz Kandiyoti, eine türkische Professorin, schreibt:

»Inzwischen ist das wirtschaftliche Klima durch die Wirtschaftspolitik der 80er Jahre noch rauher geworden, und der finanzielle Beitrag der Frauen ist für das Überleben der Haushalte heute entscheidender denn je. Dadurch vergrößert sich die Anzahl arbeitswilliger Frauen, die in den Niedriglohnbereichen der Wirtschaft in Teilzeit- oder Aushilfsarbeit, in nicht gewerkschaftlich organisierten kleinen Herstellungsbetrieben, in Heimarbeit oder in der Schattenwirtschaft eingesetzt werden können. Trotz der Tatsache, daß der Zugang der Frauen zum Arbeitsmarkt oft unter ungünstigen Bedingungen stattfindet, kann er doch dazu beitragen, daß Eheabkommen teilweise neu verhandelt werden und eventuell eine gewisse Neudefinierung der geschlechtsspezifischen Arbeitsteilung im Haushalt herbeigeführt wird (...).«[51]

Die Rollenverteilung zwischen den Geschlechtern und das Rollenverständnis der Türkinnen hat sich in den Großstädten und Industriezentren durch die Berufstätigkeit der Frau verändert. Die Groß-

51. Kandiyoti 1991, S. 317.

familie ist auch hier im Verschwinden begriffen. Die Kernfamilie unterscheidet sich aber wesentlich von der in westlichen Ländern, denn sie ist in das enge Netz verwandtschaftlicher und nachbarschaftlicher Bindungen und Beziehungen eingebettet.

Yesim Arat, Professorin für Politikwissenschaft an der Universität Istanbul, untersuchte die Zeitschrift »Kadin ve Aile« (Frau und Familie), die von islamistischen Frauen herausgegeben wird, um die Aktivitäten islamischer Frauen unter den veränderten Bedingungen nach dem Militärputsch 1980 in der Türkei darzustellen. Sie kommt zu dem Ergebnis, daß sich die Zahl der Frauen, die sich aktiv in islamischen Bewegungen engagieren, erhöht hat. Sie übernehmen freiwillig die islamische Kleiderordnung und versuchen durch ihre Schriften wie auch ihre Lebensweise, den islamischen Lebensstil zu verbreiten. Allerdings wird die Stellung der Frau im Islam kritisch durchleuchtet, die Unterdrückung der Frau wird auf die Falschdeutungen des Koran und der Sunna zurückgeführt.

Arat stellt zum Schluß fest, daß die Zeitschrift den Frauen einen alternativen Weg der Lebensgestaltung – »nicht weit, aber doch einen Spaltbreit« – eröffne.

»Konservative Lebensformen werden vorgestellt, daneben zeigt die Zeitschrift den Frauen Möglichkeiten auf, wie individuelle Freiheiten zu erreichen sind. Die Bedeutung des politischen Lebens neben dem gesellschaftlichen wird betont. Damit kann die Zeitschrift dazu beitragen, daß Frauen die Grenzen der islamischen Ideologie begreifen und infolgedessen die Fähigkeiten, die sie bei ihrem Engagement für islamische Werte entwickelt haben, für befreiende Ziele einsetzen. Ein solcher Übergang zu fortschrittlichen Zielen kann nur stattfinden, wenn eine laizistische Staatsform garantiert ist. In unserer um demokratische und laizistische Ausrichtung bemühten Gesellschaft ist es ein Schritt in Richtung auf mehr Demokratie, wenn auch islamischen Frauen das Recht zugestanden wird, sich zu artikulieren.«[52]

Die lange Zeit seit der Säkularisierung – Atatürk führte sie bereits 1923 ein – hat in städtischen Bereichen die politische Mitwirkung der Frauen zur Selbstverständlichkeit werden lassen. Sie haben nicht nur als Wählerinnen Gewicht, sondern auch durch ihre Mitarbeit in Parteien und sogar in Verwaltung und Regierung. Das deutlichste

52. Arat 1991, S. 104f.

Zeichen dafür ist, daß die Türkei – neben Pakistan – als einziges islamisches Land zumindest vorübergehend eine weibliche Regierungschefin hatte. Freilich führte das ebensowenig wie in anderen Ländern – man denke an Indien, Israel, Großbritannien – zu einer spezifisch frauenorientierten Politik.

Die Wahlen im Jahre 1996 machten in der Türkei eine islamistische Partei zur stärksten Fraktion und brachten sie inzwischen auch in die Regierung. Damit ist die Möglichkeit gegeben, daß auch hier, in dem Land mit der längsten laizistischen Tradition, religiöse Vorstellungen über islamische Lebensführung staatlich durchgesetzt werden. Es bleibt abzuwarten, ob der Widerstand der Frauen dagegen ausreicht, um bestehende Frauenrechte zu bewahren. Wenn es überhaupt ein Lernen aus der Geschichte gibt, so müßten die türkischen Frauen aus den Fehlern der Iranerinnen lernen und dürften sich die errungene Selbstbestimmung nicht wieder aus der Hand nehmen lassen. Natürlich steht es jeder Frau frei, ein religiöses Leben zu führen, aber es ist ein Unterschied, ob sie das aus eigener Überzeugung tut oder unter staatlich organisiertem Zwang.

Türkische Landfrau in Adana beim Ausbreiten ihrer Oyas (Borten, die Frauen und Mädchen für ihre Kopftücher selbst herstellen, z. B. durch Häkeln, Nähen, Knüpfen mit Perlen etc.)

Islamische Migrantinnen in Deutschland

Arbeitskräfte für das Wirtschaftswunder

Im Oktober 1961 traf die Bundesrepublik Deutschland ein Anwerbeabkommen mit der Türkei, das Hunderttausende von Türken als Arbeiter in die deutschen Fabriken brachte. Es war die Zeit der Hochkonjunktur der »goldenen Sechziger« – die reichen Länder Nordeuropas, die das eigene Arbeitskräftereservoir ausgeschöpft hatten, sorgten durch solche Abkommen mit Hilfe einer Reihe von Ländern Südeuropas und Vorderasiens für einen Zustrom von Arbeitskräften. Heute leben in den zwölf Ländern der Europäischen Union rund sechs Millionen Menschen, die in islamischen Ländern geboren und aufgewachsen sind. Sie kommen aus arabischen Ländern, aus Afrika, aus Pakistan oder aus den Balkanstaaten und der Türkei.

In der Bundesrepublik leben insgesamt rund 2,6 Millionen Moslems. Die Türken bilden mit mehr als zwei Millionen dabei die größte Gruppe (Stand: 31.12.1996). Die islamische Kultur ist damit in der BRD durch einen großen Anteil der ausländischen Mitbürger präsent und im Straßenbild sichtbar. Zwar hat das Interesse für den Islam gegenwärtig auch aus anderen Gründen Hochkonjunktur. Das hat nicht nur damit zu tun, daß die islamischen Länder innerhalb der Weltpolitik (z. B. bei dramatischen Ereignissen wie etwa dem Golfkrieg) eine wichtige Rolle spielen, sondern auch damit, daß die islamische Kultur einerseits als die näheste, andererseits gleichzeitig als die fremdeste aller Kulturen wahrgenommen wird.

Der Aufenthalt der islamischen Mitbürger war nicht vorübergehend, Familien zogen zu, und Kinder wurden geboren. Die zweite Generation, die Kinder, die hier geboren und aufgewachsen sind, die die deutsche Sprache viel besser können als die eigene Muttersprache und sich hier eher zu Hause fühlen als im Herkunftsland der Eltern, hat heute selbst Probleme mit dem islamischen Wertesystem, das sich sehr stark vom deutschen (christlich geprägten) unterscheidet. Ihrer eigenen Kultur entfremdet, können oder auch wollen sie sich dennoch nicht der deutschen Kultur assimilieren. Eine kulturelle Überanpassung bedeutet Konflikt mit dem Elternhaus und dessen Wertvorstellungen. Als Angehöriger einer wenig geschätzten Minderheit leben sie in einem sozialen Vakuum – kein Ort, kein Boden, auf dem sie Wurzeln schlagen könnten. Der Zusammenstoß von Moderne und Tradition, der sich in den kulturellen Werten der Elterngeneration widerspiegelt, ist oft die Ursache von Identitätsbrüchen und Krisen. Die moslemischen Jugendlichen in Deutschland sind mit viel schwierigeren Konflikten belastet als die Gleichaltrigen in der Heimat. Die Eltern, selbst durch jahrelange, schwere körperliche Arbeit krank und frühzeitig gealtert, können ihren Kindern auch keine Orientierungen geben.

Zwischen den Welten

Für die Migrantinnen aus dem islamischen Kulturkreis nimmt die pubertäts- und adoleszenzbedingte Identitätskrise, die in dieser Altersphase üblicherweise auch bei den deutschen Mädchen auftritt, eine besondere Form an. Der Prozeß der Selbstfindung wird dadurch erschwert, daß die jungen Mädchen unter den Migrationsbedingungen in der Regel mit zwei verschiedenen Erwartungen und Zielvorstellungen konfrontiert werden: mit denen des Elternhauses und denen der deutschen Umwelt. So mag ein junges Mädchen aus türkischer Familie sich als Deutsche fühlen wollen, weil sie in dieser Sprache aufgewachsen ist, weil ihre »Peergroup« aus Deutschen besteht und weil sie ihre Zukunft in einem Leben in Deutschland sieht. Aber selbst bei einer radikalen Lösung von ihrem Elternhaus ließen die Verhältnisse eine solche Identifikation nicht zu. Das liegt nicht zuletzt daran, daß ihr die politischen Mitwirkungsrechte vorenthalten werden. Hinzu kommt, daß selbst ihre religiöse Identität immer wieder von der Öffentlichkeit in Frage gestellt wird, wenn sie ein Kopftuch trägt. Ein Kopftuch zu tragen aktiviert das Bild einer Türkin, die ein armes, zurückgebliebenes und verachtetes Opfer darstellt. Hier im Westen weiß man das, es ist eine »Wahrheit«. Daher wurde an verschiedenen Orten der Versuch unternommen, moslemischen Mädchen das Kopftuchtragen zu verbieten. Dieses Verbot ist um so auffälliger, als die Toleranz gegenüber modischen Besonderheiten auch in der Schule fast unbegrenzt ist. Die Forderung, die mit solchen Verboten gegenüber der jungen Muslimin erhoben wird, ist in sich widersprüchlich. Sie verlangt nämlich von ihr eine Anpassung an die hiesige Kultur, wobei diese Kultur gegenüber Religionen ebenso wie gegenüber Kleidersitten im Prinzip tolerant ist, um nicht zu sagen gleichgültig. Es ist also eigentlich rätselhaft, warum man Musliminnen hier mit so viel Abwehr begegnet. Der Grund scheint mir darin zu liegen, daß *ihnen* jedenfalls die Kleidersitten nicht gleichgültig sind und daß sie dadurch anderen ein Anstoß und auch ein Anlaß zur Beunruhigung werden. Man könnte die Hypothese wagen, daß sich in der Ablehnung der Musliminnen die Abwehr eigener religiöser Bedürfnisse manifestiert. Das Kopftuch mag als eine Äußerlichkeit angesehen werden, aber es wird doch mit Recht als ein Zeichen dafür wahrgenommen, daß man es hier mit Menschen zu tun hat, für die ihre Religion bis ins Alltägliche hinein Relevanz hat. Die Religion eines Menschen ist eben im Islam nicht Privatsache und nicht gegenüber anderen Lebensbereichen abgegrenzt, sie läßt sich deshalb auch nicht auf einzelne Stunden oder auf einen Wochentag oder gar auf einen Hauptfesttag des Jahres einschränken.

Kopftuch oder Schleier sind äußerliche Symbole für ein religiös geregeltes Alltagsleben. Aber sie werden in einer Welt der Fassadenästhetik auch schon als bloßes Kleidungsstück zum Ärgernis. Die Welt der Kleider und der Kosmetik mag zwar von der Warenästhetik beherrscht sein, die konsumierenden Frauen verstehen diese Welt aber doch als Feld der Selbstverwirklichung und des individuellen Ausdrucks. Kopftuchtragende Frauen stellen diese ganze Welt in Frage und werden entsprechend verächtlich als Nichtdazugehörige, als Fremde wahrgenommen. Die Toleranz, die die größte modische Verrücktheit hinnimmt, ist am Ende, wenn sich in der Kleidung ein religiöser Lebenswandel manifestiert. Niemand sollte davon ausgehen, daß die islamischen Frauen die spürbare Verachtung und Ausgrenzung leicht hinnehmen können. Die eingewanderten islamischen Frauen und mehr noch ihre in Europa geborenen und heranwachsenden Töchter partizipieren an den europäischen Lebensformen, wollen auch daran teilnehmen und werden deshalb durch die Erfahrung der Abgrenzung in einen inneren Konflikt gestürzt. Sie sind ständig bemüht, eine Brücke zu schlagen zwischen den mitgebrachten, verinnerlichten Wertvorstellungen und den hiesigen Normen. Für die

Muslima hat die Anpassung dort ihre Grenzen, wo die religiöse Identität oder manchmal auch nur der Familienfriede gefährdet wird. Die Lösung des Problems kann auch keineswegs einseitig von ihnen verlangt werden. Das Ideal der Aufklärung, nämlich Toleranz, meinte zuallererst religiöse Toleranz und keineswegs Toleranz gegenüber persönlichen Exzentrizitäten.

Zigarette oder Kopftuch

Ich möchte das Obengenannte mit einem längeren Zitat einer jungen Muslima veranschaulichen. Es stammt aus einem Buch, in dem die Autorin Dorothea Schütze in sechzehn Gesprächen mit Flüchtlingen und Migrantinnen und Migranten sich über den alltäglichen Rassismus in Deutschland unterhält. Die junge Muslima, die ich zitieren will, hat sich in der Umfrage schriftlich zum Thema geäußert. Sie schreibt:

> »Ich als Muslima habe mitbekommen, daß die Leute Mädels, die Kopftuch tragen, nicht für selbstbewußt halten. Sie denken, daß wir nicht selbstbewußt sein können. Ich kam mal mit einer Frau ins Gespräch. Sie meinte, daß ich es mir noch einmal überlegen sollte mit dem Kopftuch und so. Später kam es im Gespräch auch auf das Zigarettenrauchen. Als sie hörte, daß ich rauche, sagte sie: ›Gut, daß Du so selbstbewußt bist. Wenn Du Dich mit dem Kopftuch wohl fühlst, dann ist das Deine Sache.‹ Komisch, daß sie erst an mein Selbstbewußtsein glaubte, nachdem sie weiß, daß ich Zigaretten rauche.
>
> Auch meine Lehrer meinen, daß ich zwar sympathisch bin, aber daß ich mein eigentliches Ich hinter'm Kopftuch verberge und es nicht auslebe. Nachdem sie mitbekommen haben, daß ich rauche, sagten sie genauso: ›Ah, Du bist ja doch selbstbewußt‹. Muß man, um sein Selbstbewußtsein zu zeigen, unbedingt rauchen?«[53]

Diese Aussage zeigt leider nur allzu deutlich, in welchem Maße die Einschätzung durch Stereotypen bestimmt wird. Wenn eine Frau ein Kopftuch trägt, dann heißt das eben, daß sie sich verbirgt, und zwar nicht nur die Haare, sondern ihr »eigentliches Ich«. Zigarettenrauchen dagegen, zumal bei einem jungen Mädchen, gilt als Zeichen von Selbstbewußtsein.

53. Schütze 1996, S. 91.

Vielfalt und Veränderung

Das Verhalten der Migranten ist natürlich individuell verschieden, aber es gibt doch Charakteristika je nach Generation. Zu betonen ist, daß das islamische Wertesystem und dessen Befolgung vor allem für die Migranten der ersten Generation seine volle Gültigkeit besitzt. Die erste Generation der Arbeitsmigranten, die mit der Vorstellung nach Deutschland kamen, nach einer wirtschaftlichen Verbesserung wieder in die Heimat zurückzukehren, und sich daher nicht vollkommen integrieren wollten und konnten, hielten auch in Deutschland an ihrem ursprünglichen und mitgebrachten Wertesystem fest, was ihnen als einer ethnischen Minderheit auch einen festen Halt gab. Die Türken sind in ihrer Mehrzahl den Deutschen fremd geblieben und als ethnische Gruppe zwar toleriert, aber nicht akzeptiert.

Von den türkischen Arbeitsmigranten bilden die Männer mit mehr als zwei Dritteln (Mikrozensus 1995) die größte Gruppe. Die Frauen sind Anfang der 70er Jahre im Rahmen der Familienzusammenführung in die Bundesrepublik Deutschland gekommen. Diese erste Generation kam zu 98% aus armen, ländlichen Gebieten. Seit den 80er Jahren gab es eine Veränderung in der sozialen Zusammensetzung der Immigranten aus der Türkei. Denn nun kamen wegen der politischen Verfolgung auch viele Flüchtlinge aus allen Schichten der türkischen Gesellschaft.

Die Stellung der moslemischen Frauen innerhalb der Familie ändert sich mit der Migration. Die älteren moslemischen Frauen der sogenannten ersten Generation, die kaum Schulbildung genossen haben und religiös sind, leben auch in der Bundesrepublik in den traditionellen Wertvorstellungen und haben Probleme, sie mit den westlichen, modernen Lebensformen in Einklang zu bringen. Hier finden sie keine weibliche Sonderkultur, keine nachbarschaftliche Hilfe, leben sehr isoliert und suchen den Ausweg immer mehr in ihrer Religiosität. Sie haben die Doppelbelastung von Hausarbeit und Beruf, wenn sie berufstätig sind. Sie haben dadurch, daß sie Geld verdienen, zwar objektiv eine stärkere Position, müssen sich aber dennoch ihrem Mann unterordnen.

Hier in der Bundesrepublik sind sie vorwiegend im Bereich der Industrie beschäftigt oder in der Dienstleistungsbranche. Sie werden als un- und angelernte Arbeitskräfte eingesetzt. Ihre Arbeitsbedingungen sind gekennzeichnet durch hohe körperliche und psychische

Belastung und geringe Aufstiegschancen. Sie werden von Rationalisierungsmaßnahmen und Arbeitsplatzabbau am ehesten getroffen. Die ausländerrechtlichen Regelungen verknüpfen die Arbeitserlaubnis mit der Aufenthaltsgenehmigung. Dies bedeutet, daß denjenigen Migrantinnen, die keine Arbeitserlaubnis besitzen und vom Arbeitsmarkt nicht mehr benötigt werden, das Aufenthaltsrecht entzogen werden kann. Sie werden vorwiegend in Betrieben beschäftigt mit Akkord- und Schichtarbeit, in verarbeitenden Gewerben, im Dienstleistungssektor und im Reinigungsbereich. Obwohl die moslemischen Migranten und Migrantinnen zahlenmäßig die stärkste Gruppe der Arbeitsmigranten in der Bundesrepublik bilden, wird in den Betrieben keine Rücksicht auf ihre Religionszugehörigkeit genommen, denn hier gilt die Religion als Privatsache. Das Problem ist aber bei den gläubigen Muslimen, daß sie fünfmal am Tag beten müssen (vgl. S. 26) und einen ganzen Monat fasten, wollen sie ihren religiösen Pflichten nachkommen. Hier müssen sie trotz des Fastens (dies bedeutet: von Anbruch der Dämmerung an wird nichts gegessen und getrunken bis zum Sonnenuntergang) die gleiche Arbeit leisten. Da sie die schwerste körperliche Arbeit leisten, wird das Fasten zur Qual. Hinzu kommt, daß sie auch kaum Moscheen haben, um außerhalb des Betriebes zumindest mit anderen gemeinsam beten zu können. Dies ist insofern für die gläubigen Muslime sehr wichtig, als der Islam eine Religion ist, die grundsätzlich in der Gemeinschaft ausgeübt wird. Es gibt in einigen größeren Städten zwar Moscheen, es gibt aber auch immer starken Widerstand gegen den Bau der Moschee. In München gibt es das islamische Zentrum, in Berlin die Mevlana-Moschee, in Hamburg die Ali-Moschee.

Die Realisierung der religiösen Erziehung in Deutschland ist mit Schwierigkeiten verbunden. Denn hier gibt es keinen Religionsunterricht für die moslemischen Kinder. So sind viele Eltern gezwungen, ihre Kinder in die Koranschulen zu schicken, die nicht von pädagogisch ausgebildeten Lehrern betrieben werden, sondern von Korankundigen. Seitdem bekannt wurde, daß hier Kinder auch körperlicher Züchtigung unterworfen sind, bemüht man sich seitens der staatlichen Schulen, einen islamischen Unterricht zu organisieren. Vereinzelt übt der Staat eine Aufsichtsfunktion über die Koranschulen aus.

Die moslemischen Frauen machen in Deutschland in einer Atmosphäre der Fremdenfeindlichkeit und durch das inzwischen entstandene Islamfeindbild die Erfahrung von Ausgrenzung, Ablehnung und sozialer Kälte. Sie müssen ständig gegen vorhandene Klischees und Vorurteile argumentieren und ankämpfen, was ihnen wie Sisyphusarbeit erscheinen mag. Wenn es in Diskussionen um moslemische Frauen geht, sind sich fast alle darin einig, daß diese rückschrittlich und unterdrückt seien. Der Islam wird als einziges universelles Erklärungsprinzip für Frauenunterdrückung betrachtet. Die auch in Deutschland existierenden Konflikte zwischen Männern und Frauen geraten in Vergessenheit, wenn es darum geht, die »abendländisch-christliche Zivilisation« gegen »den Islam« zu verteidigen. Die im Westen gegen Frauen ausgeübten Zwänge, die auch hier herrschende Unterdrückung treten dann in den Hintergrund und verlieren an Gewicht; in den Vordergrund treten statt dessen die Freiheiten und Möglichkeiten eines selbstbestimmten Lebens, das auf dem Hintergrund der Negativfolie Islam um so verheißungsvoller erscheint.

Die Unterdrückung der Frau hat in jeder Gesellschaft und jeder Religion viele verschiedene Facetten; daß der Islam wie alle patriarchalen Religionen auch frauenfeindliche Strukturen aufweist, soll nicht bestritten werden. Aber von einem universell anerkannten Frauenbild auszugehen, ohne die besonderen historischen, materiellen und ideologischen Machtstrukturen moslemischer Gesellschaften zu analysieren, heißt, die komplexen Interaktionen zwischen Klasse, Kultur, Religion und anderen ideologischen Institutionen und Strukturen zu ignorieren.[54]

Nicht der Islam und auch nicht die Migration sind das Problem der moslemischen Frauen in der Bundesrepublik Deutschland, sondern vielmehr die Erfahrung der Diskriminierung, der Wurzellosigkeit und der fehlenden sozialen Einbindungen. Mit den einheimischen Frauen haben sie zwar viele Gemeinsamkeiten, was ihren gesellschaftlichen Status (am Arbeitsmarkt, Berufschancen, Ausbildungsmöglichkeit etc.) anbelangt, und doch sind sie von diesen getrennt. Viele erfahren nun Einschränkungen, die sie bisher nicht kannten. Sie müssen mühsam, ohne vertrauten Kontakt zu anderen Frauen sich eine fremde Umwelt aneignen.

54. Vgl. hierzu auch: Lutz, H., 1989.

Wie ist sie – die islamische Frau?

Die Leserin und der Leser eines Buches wie des vorliegenden werden mit einer gewissen Bereitschaft, sich informieren zu lassen, an die obige Frage herangehen. Aber so einfach ist die Sache leider nicht. Weder wäre es angemessen, sich selbst als unbeschriebenes Blatt – als tabula rasa – zu verstehen, noch ist es angemessen, die islamische Frau und ihre Situation als ein Faktum zu begreifen, über das man sich nur zu informieren brauchte. Ich hoffe, daß das vorliegende Buch eines deutlich gemacht hat: Der europäische Leser ist durch seine eigene Geschichte, d.h. sowohl die Geschichte des Christentums als auch die Geschichte der Aufklärung, in seinen Fragen, Erwartungen und Vorstellungen im Bezug auf den Islam vorgeprägt – und dazu kommt heute noch die aktuelle politische Situation eines möglichen Nord-Süd-Konflikts, in der neue Feindbilder produziert werden. Ferner ist der europäische Leser durch die traditionelle Ambivalenz von Eurozentrismus und Exotismus geprägt. Das europäische kulturelle Selbstverständnis ist bestimmt durch die Vorstellung von einer zivilisatorischen Entwicklung, für die Europa die Vorreiterrolle übernommen hat und seine eigene Entwicklung als das Musterbeispiel begreift. Auf der anderen Seite hat es trotz des Eurozentrismus immer eine Schwärmerei für das Fremde und dessen phantastische Ausgestaltung gegeben. Innerhalb dieses Exotismus ist der Orientalismus nur eine Spielart. Die Phantasien über orientalische Lebensformen waren aber nicht nur eine imaginäre Flucht, sondern haben auch immer zu einer konkreten Zuwendung zum Orient und zu den islamischen Lebensformen geführt. Man könnte auch die Bewegung der europäischen Konvertitinnen in diesem Zusammenhang sehen. Diese geht in ihrer Bedeutung über Einzelfälle hinaus, und die Zuwendung zum Islam ist immer zugleich auch eine Abkehr von den Lebensformen, wie sie heute in westlichen Gesellschaften herrschen.

Judentum, Christentum und Islam stehen sich keineswegs als einander völlig fremde Religionen gegenüber. Alle drei sind Buchreligionen, sie kennen also die Institution der heiligen und verbindlichen Schrift. Alle drei bekennen sich zu einem einzigen Gott, und schließlich: Sie stehen in einer historischen Beziehung zueinander. Es ist vor allem dieser letzte Punkt, der ihre Beziehung ambivalent und prekär werden läßt. Jede der drei beansprucht für sich, das Verhältnis von Mensch und Gott verbindlich und endgültig regeln zu können. Außerdem beansprucht die eine gegenüber der anderen, umfassender zu sein bzw. einen Fortschritt darzustellen – oder gerade umgekehrt: die Ursprünglichkeit der Gottesbeziehung zu bewahren. Hinzu kommt die Konkurrenzsituation durch die historischen Missionsbewegungen bzw. politischen Eroberungszüge. Aus dem Verhältnis der drei Religionen ist die Erinnerung an wechselseitige Bevormundung und Unterdrückung nicht wegzudenken. Diese Erinnerung schlägt nur allzu leicht bei äußeren Anlässen – sei es auf der politischen Ebene, sei es im alltäglichen Zusammenleben – in ein Gefühl der Bedrohung um.

Zur gemeinsamen Geschichte der Religionen als einer Quelle von Vorurteilen kommt noch das ambivalente Verhältnis, das die Europäer der Gegenwart zu ihrer eigenen christlichen Geschichte haben. Schon den Ausdruck »christliches Abendland« kann man heute kaum ohne Einschränkungen verwenden. Es wäre auch nicht zutreffend, nur von der christlichen *Vergangenheit* Europas zu sprechen, da das Christentum ja durchaus eine auch in der Gegenwart institutionalisierte Macht ist und sich als erneuerungsfähig erwiesen hat. Auch heute ist das Christentum in vielfältigen Varianten bis hin zur fundamentalistischen lebendig. Im öffentlichen Bewußtsein werden dagegen die christliche Vergangenheit und Gegenwart Europas weitgehend verdrängt; man ist sich der christlichen Muster in der gemeinsamen Kultur nicht bewußt, weil man eben diese Kultur als eine rein säkulare versteht. Trotz des bedeutenden Einflusses der christlichen Kirchen auf das öffentliche Leben wird Religion als Privatsache verstanden. Die Konsequenz dieser Verdrängung ist, daß häufig Verständnis und Toleranz gegenüber dem Islam und seinen Lebensformen eher in Kreisen zu finden ist, die sich explizit als Christen verstehen. Der Durchschnittsbürger muß sich dagegen zu einem Verständnis des Islams erst durch eine Aneignung der eigenen christlichen Vergangenheit bzw. der christlichen Kulturanteile vorarbeiten.

Ein Verständnis des Islams und der Situation der islamischen Frau ist, wie gesagt, auch nicht einfach durch Mitteilen und Aufnehmen von Fakten zu erreichen. Das liegt nicht nur daran, daß bei näherem Hinsehen diese Fakten gewissermaßen zersplittern, sich vervielfachen, weil alles, was man über den Islam als eine gegenwärtige Realität und über die Situation der islamischen Frauen sagen kann, von den jeweiligen Bedingungen der politischen Organisationsform und den sozialen Verhältnisses eines Landes abhängt. Ich habe mich, um diesen Zusammenhang wenigstens annähernd deutlich zu machen, auf drei länderbezogene Beispiele beschränkt. Die Situation der islamischen Frau ist auch deshalb nicht einfach als Faktum zu fassen, weil sie in sich mehrfach gebrochen oder reflektiert ist. Wir konnten das beispielsweise an der Frage des Schleiertragens sehen. Das Schleiertragen ist weder ein festes eindeutiges Gebot noch eine fraglose Sitte, vielmehr ist es ein Akt, der in ein Geflecht von Tradition, Koraninterpretation, einfacher Religiosität auf der einen Seite und politischer Opportunität bzw. politischem Protest auf der anderen Seite eingebunden ist.

Ali Schariati, Sohn eines iranischen Theologen und selbst Soziologe, benennt in seinem Buch »Fatima ist Fatima« für die Frauen in den zeitgenössischen islamischen Gesellschaften drei Grundtypen: die traditionellen und frömmelnden Frauen, die europhilen und modernistischen Frauen und schließlich die Frauen, die dem Vorbild Fatimas nacheifern. (Fatima war die Lieblingstochter des Propheten Mohammed, der von ihr als einer der vollkommenen Frauen spricht.) Die Frauen des ersten Typus trügen den Schleier aus Tradition oder Frömmigkeit; es seien vor allem ältere Frauen. Die zweite Gruppe lehne Schleiertragen ganz und gar ab, und die dritte Gruppe werde gebildet durch sehr bewußte, junge Frauen (viele Studentinnen), die das Kopftuch oder den Schleier aus Überzeugung bzw. aus politischem Protest trügen. Sie sähen im Islam und in einer Rückbesinnung auf die »wahren« Glaubensinhalte eine Verbesserung ihrer Rechtslage und kritisierten Männer, die unter dem Vorwand islamischer Glaubensvorschriften die Frauen zu benachteiligen und abhängig zu halten suchten.

Das Schleiertragen ist aber wirklich nur ein Beispiel – ein Beispiel, das wegen seiner Augenfälligkeit allerdings immer wieder herangezogen wird. Tatsächlich ist das ganze islamische Leben in seinem Vollzug heute durch die genannten Brüche und Reflexionen bestimmt. Gerade der Fundamentalismus ist keineswegs das, als was er sich ausgibt: ein einfacher Vollzug dessen, was im Koran steht. Vielmehr ist auch er durch besondere Lesarten, durch politische Strategien und durch Fragen des kulturellen Selbstverständnisses bestimmt.

Gibt es also ein Wesen des Islams oder eine Wahrheit über die Situation der islamischen Frauen? Muß man sich mit der Feststellung der Vielfalt, der unendlichen Interpretierbarkeit der Texte und der Gebrochenheit der konkreten Lebensrealität zufrieden geben? Ein solcher resignativer und im Grunde uninteressierter Standpunkt wäre auch nicht angemessen. Vielmehr muß man vom Standpunkt des säkularen Selbstverständnisses des Europäers aus und für diesen als Kern des Islam hervorheben, daß es sich um eine religiöse Lebensordnung handelt. Der Islam ist weder nur religiöse Lehre noch bloß ein Glaube und schon gar keine Privatsache, sondern eine Lebensordnung sowohl des persönlichen wie auch des gesellschaftlichen und politischen Lebens – eine Lebensordnung, die religiös bestimmt ist. Daraus resultieren auch die Irritation und die Verständnisschwierigkeit des durchschnittlichen Europäers der Gegenwart. Der eigentliche Gegensatz zum Islam ist nicht das Christentum, sondern eine durchgehend säkulare Lebensordnung, eine liberalistische Auffassung von Gesellschaft und eine laizistische von Staat und Politik. Auch das Christentum war und ist noch zum Teil eine religiöse Lebensform und insofern dem Islam vergleichbar. Wirklich anders ist der Islam verglichen mit den modernen, rein weltlichen und individualistischen Lebensformen. Und deshalb ist auch die islamische Frau, die Frau, deren Lebensform religiös bestimmt ist, anders als die durchschnittliche, moderne Europäerin.

Die Situation der Europäerin ist heute durch fünfzig bis hundert Jahre Frauenbewegung und Kampf für die Emanzipation bestimmt. Diese Entwicklung war geprägt von den Werten der Freiheit, Gerechtigkeit und Gleichberechtigung. Es ging um rechtliche Gleichbehandlung, um Wahlrecht, um wirtschaftliche Selbständigkeit und um individuelle Lebensentfaltung bis hin zur Überwindung heterosexueller Strukturen. Das alles sind universalistische Ziele – zumindest wurden und werden sie heute noch so verstanden. Die Kämpfe der Frauenbewegung wurden zwar regional geführt und mußten sich mit nationalstaatlichen Bedingungen auseinandersetzen, aber worum es den Frauen ging, waren Werte, die nicht im nationalen oder auch nur kulturellen Zusammenhang gedacht wurden. Es waren Werte, die mit ihrem universalistischen Anspruch praktisch die Säkularität der Lebensformen und den Laizismus im politischen Leben überall implizierten. Was liegt also näher, als von diesem Standpunkt aus die religiösen Lebensformen der islamischen Frau als eingeschränkt und unfrei anzusehen? Hier liegt das größte Problem der modernen europäischen Frauen für ihr Verständnis der islamischen Frauen. Sie müssen, wollen sie sich treu bleiben, die islamischen Lebensformen als patriarchalisch ansehen und die politische und soziale Lage der Frauen in den meisten islamischen Ländern als abhängig und unfrei. Die islamischen Frauen sind in ihrem eigenen Kampf um Bildung, um eine selbständige Auslegung des Koran und die Eroberung des öffentlichen Lebens auch auf die Solidarität der internationalen Frauenbewegung angewiesen. Aber es muß doch *ihr* Kampf bleiben, und der Weg muß *ihr* Weg sein – die Ziele dürfen gerade nicht von außen vorgegeben sein. So wird der engagierten europäischen Frau ein hohes Maß an Toleranz und Verständnis abverlangt. Und ebenso wie die Werte der Frauenbewegung den islamischen Frauen als kritisches Potential hilfreich sein können, so kann den europäischen Frauen eine Lebensform, die durch ein höheres Maß an Bindung charakterisiert ist, bei einer kritischen Reflexion ihrer eigenen individualistischen und liberalistischen Lebensformen nutzen.

Glossar

Djinn	Dämon, Geist
Diya	Geldbuße
Hadd	die körperliche Strafe, deren Maß im Koran und in der Sunna festgelegt wurde
Hadsch	die Pilgerreise nach Mekka (= die fünfte Hauptpflicht für jeden Muslim)
Hijab	Vorhang, Verschleierung
Huri	die Jungfrauen des Paradieses
Gisas	Vergeltung
Mahdi	der im Islam erwartete letzte Erneuerer des Glaubens und Wiederhersteller der göttlichen Ordnung
Muezzin	der Rufer zum Gebet
Ramadan	der neunte Monat des islamischen Jahres, in dem von Sonnenaufgang bis Sonnenuntergang gefastet wird (= die vierte Hauptpflicht für jeden Muslim)
Salat	fünf liturgische Gebetszeiten im Islam (morgens, mittags, nachmittags, abends, nachts) (die zweite Hauptpflicht für jeden Muslim)
Schahada	das Glaubensbekenntnis, daß es nur einen Gott gibt (= die erste Hauptpflicht für jeden Muslim)
Scharia	das islamische Gesetz; es enthält sowohl die Vorschriften des Korans als auch die Sunna
Sunna	die Überlieferungen der Worte und Taten Mohammeds und der »vier rechtgeleiteten Kalifen«; nach dem Koran die wichtigste islamische Rechtsquelle
Talag	die Ehescheidung
Ta'zir	die Züchtigung für Vergehen, deren Bestrafung im Koran und in der Sunna nicht explizit festgelegt ist
Ulema	die Körperschaften aus den hervorragendsten Vertretern der islamischen Theologie
Umma	die Gemeinschaft, das Volk
Wali	ein naher Verwandter
Zakat	die jährliche Entrichtung der vorgeschriebenen Almosen an die Bedürftigen (= die dritte Hauptpflicht für jeden Muslim)
Zina	Unzucht, Ehebruch

Literatur

Akashe-Böhme, Farideh, Die Darstellung der iranischen Revolution in der bundesrepublikanischen Presse, Göttingen 1986.

Akkent, Meral/ Franger, Gaby, Das Kopftuch, Frankfurt, 1. Aufl. 1987.

Al-Ghasali, A.H.M., Von der Ehe. Das 12. Buch von al-Gahsalis Hauptwerk. Übersetzt und erläutert v. H. Bauer, Halle 1917.

Alliata, Vittoria, Harem. Freiheit hinter dem Schleier, München 1981.

Antes, Peter u.a., Der Islam: Religion, Ethik, Politik, Stuttgart/Berlin/Köln 1991.

Arat, Yesim, Zum Verhältnis von Feminismus und Islam, in: Neusel, A. u.a. (Hg.), Aufstand im Haus der Frauen, Berlin 1991.

Asaram, Rosah, Frauen im Iran, in: Kritik, Zeitschrift für sozialistische Diskussion, Nr. 20, Berlin 1979.

Die Bibel oder die ganze heilige Schrift. Nach der deutschen Übersetzung von Dr. Martin Luther, Stuttgart 1912.

Cagatay, Nilüfer/ Nuhoglu-Soysal, Frauenbewegungen im nationalen Einigungsprozeß, in: Neusel, A. u.a. (Hg.), Aufstand im Haus der Frauen, Berlin 1991.

Croutier, Alev Lytle, Harem – Die Welt hinter dem Schleier, München 1989.

Fanon, Frantz, Die Verdammten dieser Erde, Reinbek bei Hamburg 1969.

Flaubert, G., Die Reise in den Orient, Frankfurt am Main 1985.

Friedenthal, Albert, Das Weib im Leben der Völker, Bd. 1 u. 2, Berlin 1910/1911.

Friedl, Erika, Die Frauen von Deh Koh, München 1991.

Helie-Lucas, Marie-Aimee, Strategien von Frauen und Frauenbewegungen in der moslemischen Welt, in: Beiträge zur feministischen Theorie und Praxis, Nr. 28, Köln 1990.

Kandiyoti, Deniz, Patriarchalische Muster, in: Neusel u.a. (Hg.), Aufstand im Haus der Frauen, Berlin 1991.

Kayir, Arsalus, Zu sexuellen Problemen von Frauen, in: Neusel u.a. (Hg.), Aufstand im Haus der Frauen, Berlin 1991.

Kohl, Karl-Heinz, Cherchez la Femme D'Orient, in: Sievernich u. Budde (Hg.), Europa und der Orient, Gütersloh/München 1989.

Lutz, Helma, Rassismus und Sexismus, Unterschiede und Gemeinsamkeiten, in: Foitzik, Andreas u.a. (Hg.), Ein Herrenvolk von Untertanen, Duisburg 1992.

Lutz, H., Unsichtbare Schatten? Die ›orientalische‹ Frau in westlichen Diskursen, in: Peripherie, H. 37 (1989), S. 51-65.

Der Koran, Übersetzung von A.Th. Khoury, Gütersloh, 2. Aufl. 1991.

Minai, Naila, Schwestern unterm Halbmond, Stuttgart 1984.

Mernissi, Fatema, Der politische Harem, Frankfurt am Main 1989.

Mernissi, Fatema, Geschlecht Ideologie Islam, München 1987.

Nerval, G., Die Frauen in Kairo, Frankfurt am Main 1973.

Neue Jerusalemer Bibel, Freiburg im Breisgau, 7. Aufl. 1985.

Neusel, Ayla u.a. (Hg.), Aufstand im Haus der Frauen, Berlin 1991.

Pagels, Elaine: Adam, Eva und die Schlange, Reinbek bei Hamburg 1991.

Prokop, Ulrike, Weiblicher Lebenszusammenhang, Frankfurt am Main 1977.
Rahnema, Touradj, Frauen in Persien. Erzählungen, München 1986.
Rodinson, Maxime, Islam und Kapitalismus, Frankfurt am Main 1971.
Rodinson, Maxime, Die Faszination des Islam, München, 2. Aufl. 1991.
Saadawi, Nawal, Tschador, Bremen 1980.
Said, Edward G., Orientalismus, Frankfurt 1981.
Schariati, Ali, Fatima ist Fatima, Bonn 1981.
Schütze, Dorothea, »Ich hatte kein Kleingeld ...«, Darmstadt 1996.
Sievernich, G./ Budde, H. (Hg.), Europa und der Orient, München/Gütersloh 1989.
Tibi, Bassam, Der Islam und das Problem der kulturellen Bewältigung sozialen Wandels, 1985.
Tibi, Bassam, Vom Gottesreich zum Nationalstaat, Frankfurt 1987.
Thornton, Lynne, Frauenbilder, in: Sievernich/Budde (Hg.), Europa und der Orient, München/Gütersloh 1989.
Woodsmall, Ruth F., Der Aufstieg der mohammedanischen Frau, Erlenbach-Zürich und Leipzig 1938.

Bildquellen

S. 13: Chassériau, Femme Mauresque sortant du bain au sérail, 1854.
S. 20: Debat-Pausan, Le Massage – Türkische Badeszene, 1883.
Öl auf Leinwand; 125 x 207 cm, Toulouse, Musée des Augustins.
S. 40: aus: Das Kopftuch – Basörtü, Hg. Meral Akkent / Gaby Franger, Frankfurt 1987, © Gaby Franger, Nürnberg.
S. 48: © Walter Langsdorf, Kassel.
S. 69: aus: Jäckh, Der Aufsteigende Halbmond, Berlin 1911.
S. 81: © Gaby Franger, Nürnberg.